추재기이 秋齋紀異

추재기이

타고난 이야기꾼, 추재 조수삼이 들려주는 조선 후기 마이너리티들의 인생 이야기

조수삼 지음 · 안대회 옮김

한겨레출판

| 옮긴이의 말 |

18~19세기 마이너리티의 초상

1

『추재기이(秋齋紀異)』는 19세기 전반에 나온 독특한 빛깔의 단행본 저술이다. 이 책은 한 시대를 대표하는 시인 조수삼(趙秀三, 1762~1849, 영조 38년~헌종 15년)이 노년에 과거의 기억을 더듬어 썼다. 특정한 인물 일흔한 명이 행한 범상치 않은 인생과 활동을 시로 읊고, 그 배경을 이루는 구체적인 사실을 간결하게 산문으로 설명했다. 그러므로 시집이자 동시에 산문집이다. 귀신과 동물 변신, 도사와 신선 등 허구적인 소재가 끼어 있기는 하지만 거의 모두 그 시대에 대중적 관심을 불러일으킨 실화이다. 일흔한 명의 이야기를 독립적으로 서술하였지만 그렇다고 해서 산만한 저술은 결코 아니다. 전체를 아우르는 시선과 주제가 일관하여 통일성을 갖춘 저술이다.

이 책을 처음부터 끝까지 꿰뚫고 있는 시선과 주제를 다른 말로 표현한다면 창작 정신이고, 그것이 이 책의 남다른 가치일 것이다. 그것을 찾기 위해서는 이 책이 어떤 인간에 초점을 맞추었는지를 살펴보면 된다.

이 책은 한마디로 비주류 인생에 주목했다. 사회의 그늘진 구석에서 힘겹지만 당차게 살아가는 사람들이고, 대부분 신분을 파악하기 어렵거나 신분을 따지는 것이 무의미한 평민과 그 이하의 사람들이다. 철저한 신분제 사회였던 조선 사회에서는 당연히 신분이 높은 양반과 중인이 사회의 주류를 형성하였다. 평민과 그 이하 신분의 사람들은 수효는 많지만 비주류였다. 모든 권력과 혜택은 주류에 집중되었고, 비주류는 소외되었다. 지식과 문학의 입장에서도 분석과 묘사의 대상은 주류에 한정되었고, 비주류는 관심권에 들지 못했다. 조선시대 전 시기에 걸쳐 크게 다르지 않다. 그나마 사정이 나은 문학을 보라! 한문으로 쓴 것이든 한글로 쓴 것이든 거의 대부분 양반 귀족을 다루고 있다. 평민 이하의 사람들은 귀족들의 활극에 소품으로 배치되는 정도이다. 비주류 인생, 다시 말해 서민의 인간 군상에 초점을 맞춘 저술이 과연 얼마나 될까?

반면에 『추재기이』는 온전하게 비주류 인생에 초점을 맞춘 문학서이다. 저자는 의도적으로 주류를 배제하였다. 자서(自序)에서 그는 "인물의 옳고 그름이나 나라의 정사에 관련된 일은 한 가지도 언급하지 않았다"고 말했다. 전통적인 사대부 저술의 핵심 소재를 일부러 피해서 수백 년 이상 관심의 사각지대에 놓여 있던 하층의 인간에 관심을 기울인 것이다. 그 점만으로도 이 책은 지성사와 저술사에서 획기적인 의의를 지닌다.

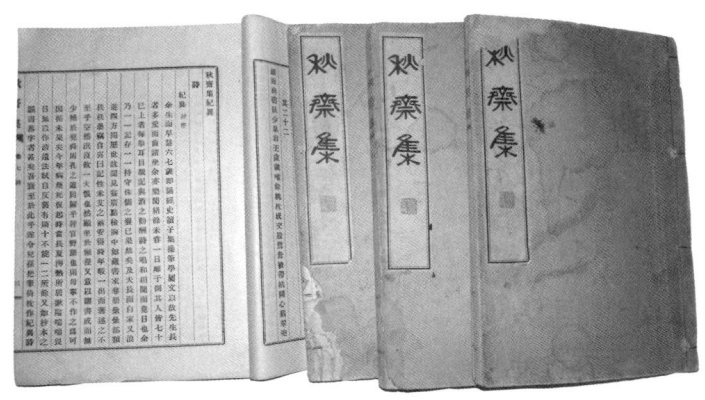

1939년 보진재에서 연활자로 간행된 『추재집』 4책과 이 책의 권7에 수록된 『추재기이』.
조수삼의 문학을 이해하는 데 일차적으로 이용되는 저본이다. 역자 소장.

그렇다면 이 책에서 다룬 인간은 구체적으로 누구일까? 많은 비중을 차지하는 인물은 시장 바닥에서 살아간 사람들이다. 직업을 보면 도둑, 강도, 조방꾼, 거지, 부랑아, 방랑 시인, 차력사, 골동품 수집가, 술장수, 임노동자, 떡장수, 비구니 등이다. 한마디로 시정 잡배에 속한다. 또한 조수삼은 예술가라고 부를 만한 인간을 유독 다수 포착했는데, 그들의 예술은 조선시대의 정통적이고 고급스러운 예술과는 적지 않은 거리가 있다. 닭 우는 소리를 잘 내는 계노인(鷄老人), 시장에서 소설을 낭독하는 전기수(傳奇叟), 시장에서 해금을 켜는 노인, 구기(口技)에 능한 박 뱁새, 음담패설 전문가, 탈춤꾼 탁 반두(卓班頭), 재주 부리는 원숭이를 데리고 구걸하는 거지, 「백조요(百鳥謠)」를 부르는 통영동이, 재담꾼 등이다. 이들은 도회지의 인파가 북적거리는 시장과 골목에서 기예를 팔고 푼돈을 얻는 거리의 예술가들이었다. 대부분 정통 예술가 축에 끼지 못하는 비주류 예술가들이다.

이 밖에도 기방 주변에 빌붙어 사는 조방꾼 부류와 거지, 시를 쓰는 노비나 도둑의 아내 등이 등장한다. 특히 절름발이, 장님, 벙어리, 손 병신 등의 장애인이 영위하는 힘겨운 삶을 묘사한 대목이 눈길을 끈다. 양반으로 보이는 사람이 한둘 있으나 그들조차 나무를 팔거나 구걸하며 도시의 뒷골목에서 근근이 연명하는 이들이다. 그야말로 사회의 응달에서 살아가는 인간들이다.

2

『추재기이』에 등장하는 인물들은 대부분 주류에 끼지 못하는 마이너리티이다. 조수삼은 그들의 삶이 발산하는 어떤 측면에 서술의 초점을 맞추었을까? 저자 자신은 자서나 본문에서 본인의 시선을 분명한 말로 해명하지 않았다. 하나하나 점검해보면 그의 시선이 포착되는데, 이를 크게 세 가지 차원으로 정리할 수 있다.

첫 번째로 조수삼은 사회의 음지에서 살아가는 소수자의 삶을 따뜻하게 포착했다. 사회의 헤게모니를 쥔 주류의 반대편에서 기구하게 살아가는 장애인과 떠돌이 예술가, 시장 사람들, 망나니처럼 밑바닥 인생을 살아가는 이들이 이 책의 주인공이다. 예컨대 굶어 죽게 된 주인을 구걸하여 먹여 살리는 노비(9화), 젖을 먹여 키워준 형수를 정성껏 모시고 제사를 지내는 약 캐는 늙은이(24화), 원숭이 공연을 하여 먹고사는 거지와 원숭이의 우정(34화)

따위를 비롯한 사연은 진한 인간미를 따뜻하게 전해준다. 또한 조수삼은 망나니 같은 인간일망정 그들을 동정하는 태도를 보인다. 골동품에 미쳐 재산을 탕진한 늙은이(29화), 부잣집에 찾아가 재산을 반분하여 도적질한 대범한 강도(47화), 후추 도고(都庫)로 거부가 되었다가 다시 도고로 망해 말린 쥐고기를 먹고 떠도는 미치광이(50화)와 같은 인생 낙오자들도 따뜻한 시선으로 바라본다. 특히 장애인을 향한 시선은 유난하다. 손가락이 모두 붙은 중중장애인이 삯바느질로 힘겹게 살아가는 사연(65화), 어릴 적 행방불명된 동생을 찾아「백조요」를 지어 부르며 전국 팔도를 유랑하는 절름발이 통영동이의 사연(67화)을 비롯해서 장애인을 묘사한 이야기에서는 가슴 뭉클한 연민의 감정이 생동한다. 과거에는 괴기한 인물로 주로 묘사되었던 장애인의 내면에 따뜻한 감성이 도사리고 있음을 조수삼은 섬세하게 보여주었다.

두 번째로 사회의 저층에서 인간다운 가치를 발산하며 당당하게 살아가는 이들의 삶을 묘사했다. 신분이나 직업은 남들이 선망할 대상은 아니나 그들은 당당하고도 건강한 삶을 영위한다. 쉰 살이 넘은 노처녀 떡장수 삼월이는 온 세상 남자를 다 자기 배필로 간주하여 늘 화장을 하고 다닌다(60화). 거울을 가는 절름발이(21화)나 등짐장수를 하여 어머니를 봉양하는 효자(26화) 역시 꿋꿋한 삶을 살아간다. 더욱이 따비밭을 개간하여 소출 3천 석을 빈궁한 사람에게 희사한 중(10화), 밥을 먹여준 동네 사람들에게 무상으로 물을 져다주는 사람(13화), 자기가 사는 골목길을 청소하는 노인(16화), 중랑천에서 잡은 물고기를 부모를 모시는 이웃에게 주는 낚시꾼(32화)을 비롯한 인물들은 서민 속에 묻혀 살면서 남을 위해 봉사한다. 자신을 드러내지 않고 사회를 위해 선행을 베푸는 봉사자의 모습이다. 이렇게 꿋꿋하고도 밝게 자신이 놓인 자리에서 인생의 의의를 발산하는 모습을 조수삼은 긍정적 시선으로 포착했다.

세 번째로 대중들 사이에서 명성을 획득한 명물(名物)을 포착하여 그들의 세계를 조명했다. 우선 앞서 언급한 것처럼 도회지 거리에서 기예를 파는 대중예술가들을 다루었다. 또 장안에 화제를 뿌렸던 여성들도 포착했다. 무인(武人) 남휘와 비구니의 로맨스, 정인과의 연애를 완성하기 위해 기발한 방법으로 동반자살한 금성월, 도도한 가기(歌妓) 한섬, 제주도의 사회사업가 김만덕 같은 여성은 18세기에 이목을 끌었던 독특한 여성 캐릭터이다. 그밖에 신분이 낮은 데도 불구하고 시인으로 명성을 날린 정 초부와 성균관 옆에 서당을 개설한 정학수, 기상천외한 방법으로 부호들의 재산을 갈취하는 대도와 신출귀몰한 의적 일지매, 오입쟁이를 기생에게 중개하는 조방꾼들과 족집게 점쟁이 유운태도 빼놓을 수 없는 명물이다.

조수삼은 마이너리티를 비하하거나 냉소적으로 보지 않고 연민과 동정, 찬탄과 긍정의 시선으로 묘사했다. 대중의 관심을 끈 인물들은 입소문을 타고 조수삼의 눈과 귀를 사로잡았고, 조수삼은 그들의 인생이 보여준 건강한 의의를 적극적으로 드러냈다. 여기에는 그들을 향한 대중의 시선에 조수삼의 시선까지 겹쳐져 있다. 하층의 인물과 그들의 삶을 이렇게까지 따뜻하고 긍정적인 시선으로 묘사하여 만든 저작은 그 이전까지 없었다고 해도 무방하다. 단원 김홍도가 『풍속도첩』을 통해 서민의 삶을 재현한 의의와도 견주어볼 만하다. 음지의 인물들이 지닌 인생의 다양한 가치를 역사의 수면 위로 부각시켜 묘사했다는 점에서 『추재기이』는 문학 영역을 크게 확장시켰다고 평가할 수 있다. 조선 후기 들어 다양한 인간에 초점을 맞춘 저작이 다수 출현하여 평민의 삶까지 관심을 확대한 저술이 없지는 않으나 『추재기이』만큼 독특한 주제 의식과 관점의 힘으로 민중적 성격과 휴머니즘이 생동하는 문학을 창출한 경우는 극히 드물다.

3

저자인 추재 조수삼은 자는 지원(芝園) 또는 자익(子翼), 호는 추재(秋齋) 또는 경원(經畹)이다. 그의 초명(初名)은 경유(景濰)였고 본관은 한양이다. 양민 출신으로 승정원 서리를 역임하여 한양의 중인(中人) 계층에 속했다. 중국 사신 행차 때 막료(幕僚)로 여섯 차례나 북경에 다녀왔고 시인으로 명성을 떨쳤다. 또한 그는 조진관(趙鎭寬)의 겸인(傔人)이 된 이래 19세기에 세도정권의 한 축이었던 풍양 조씨 집안의 겸인 노릇을 하였다. 그 때문에 연행(燕行)도 하고, 영호남의 감영을 비롯하여 평안도와 함경도 지역에서 일하기도 하였다. 이후 1844년(헌종 10년), 83세의 나이로 진사시에 급제하였다.

88세로 보기 드물게 장수한 조수삼은 무엇보다 시인이다. 어린 시절부터 시를 잘 지어 만년까지 1500여 수의 작품을 남겼다. 고문(古文)도 잘 지었고, 공령문(功令文)에도 뛰어났다. 그밖에 의술, 바둑, 거문고 등의 기예에서도 대단히 뛰어난 실력을 발휘했다. 그러나 가장 뛰어난 장기는 뭐니 뭐니 해도 시였다. 그는 이덕무와 그 아들 이광규로부터 배웠다. 박제가도 존경하였다. 조수삼은 백탑시파(白塔詩派)의 영향을 받으며 성장한 시인이었다. 송석원시사(松石園詩社)에도 참여하는 등 여항 시단의 핵심적인 구성원이기도 했지만 동시대 양반 사대부 시인들과도 긴밀하게 교유했다. 그는 정조와 순조 연간을 대표하는 시인의 한 사람이었다.

동시에 그는 타고난 이야기꾼이었다. 젊어서부터 이야기 듣기를 좋아하고 남에게 이야기를 잘 구연하였다. 자서에서 그는 어린 시절부터 이야기에 젖어서 산 과정을 회고하였다. 본인 스스로 어른들로부터 들어왔고 스스로 체험한 고담(古談)을 저술하는 일에 강한 의욕을 보였다. 『추재기이』를 집필하기 전인 1794년, 33살 때에 그는 『연상소해(聯床小諧)』라는 작은 필기(筆記)를 지었다. 그 서문에서 "가난한 집에서 태어났고 자라서는 사방을 떠돌았기 때문에 날마다 보고 듣고 기록하여 남긴 것이 모두가 근거 없거나 불경스러운 이야기로서 지붕 아래에서 속닥거리는 것일 뿐이다"라고 밝혔다. 자신이 기록한 글이 무게 있고 엄숙하며 진지한 담론임을 과시하기는커녕 겸손하게 자기 저술의 가치를 낮추어 말했다. 그러나 그 저술의 진정한 가치는 여기에 있고, 그것이 곧바로 『추재기이』의 가치로 이어졌다.

『연상소해』는 『추재기이』와 비교하면 산만한 소재의 필기에 속

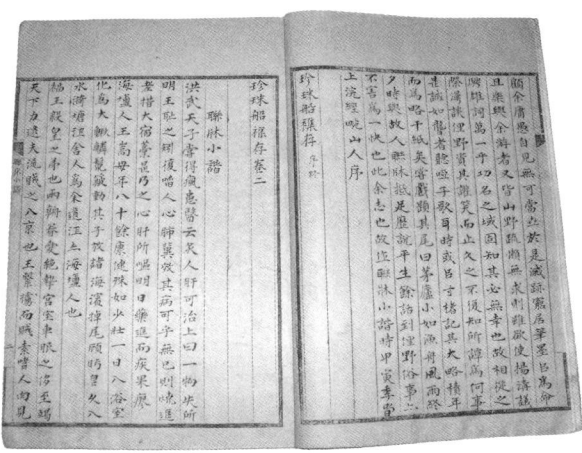

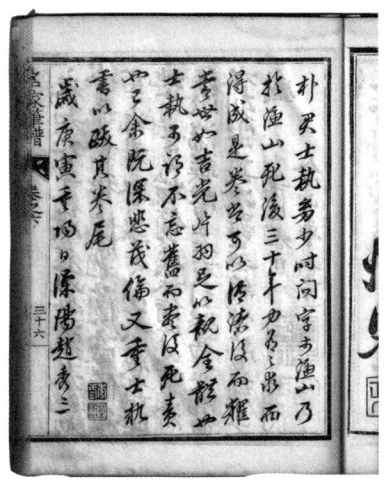

위의 책은 1794년 조수삼이 33세에 지은 『연상소해』 이야기에 깊이 빠진 젊은 시절의 조수삼을 보여주는 중요한 자료이다. 수경실 소장 필사본. 아래의 글은 조수삼이 절친한 친구 정이조(丁彝祚)의 유고 『어산시집(漁山詩集)』에 쓴 친필 발문으로, 1830년에 썼다. 정이조의 제자 박윤묵(朴允默)이 30여 년 간 유고를 수집한 정성을 밝혔다. 백두용(白斗鏞)이 편찬한 『해동역대명가필보(海東歷代名家筆譜)』 제6책에 실려 있다. 역자 소장.

한다. 그러나 그 안에 『추재기이』에 재등장하는 소재가 두 개 정도가 포함된 것을 보면 상호간에 의도가 연결되었다는 점은 의문의 여지가 없다. 그러나 젊은 시절에는 『연상소해』를 능가하는, 제대로 된 저술을 남기지 못했다.

　『추재기이』는 이렇게 시인이자 이야기꾼으로서 훌륭한 저술을 꿈꾼 평생의 소망이 담긴 책이었다. 형식에서도 그런 소망이 반영되었다. 『추재기이』는 영사악부(詠史樂府)와 죽지사(竹枝詞)의 형식을 취하였다. 이야기의 주인공을 제목으로 제시하고 본문은 칠언절구(七言絶句)의 시로 썼다. 제목 하단에 시를 창작한 배경이 되는 사실을 2행의 산문으로 서술하였다. 이동양(李東陽)의 『서애악부(西涯樂府)』 이래 조선 후기에는 이와 같은 형식이 역사와 풍속을 묘사하는 데 널리 활용되었다. 시와 야담이 결합된 양식이다. 저자는 1795년 외국의 풍속을 같은 형식으로 묘사한 『외국죽지사(外國竹枝詞)』를 짓기도 했다. 형식적으로 『추재기이』는 그 연장선상에 있다.

　조수삼은 젊은 시절을 모두 보내고 난 만년에 이 책을 썼다. 책을 지은 시기를 저자는 명확하게 제시하지 않았다. 다만 자서에서 "올해 나는 병이 들어 거의 죽다 살아났다"라고 언급했을 뿐이다. 어느 해라 특정할 수 없으나 병에 들어 쓴 노년기의 시들도 꽤 눈에 뜨인다. 88세로 장수했고, 아픈 때를 제시하지 않았기 때문에 책을 지은 시기를 꼬집어 말하기는 어렵다. 적어도 집에 머물며 여유를 누리던 70대 이후인 1830년대에서 1840년대라는 것만은 분명하다.

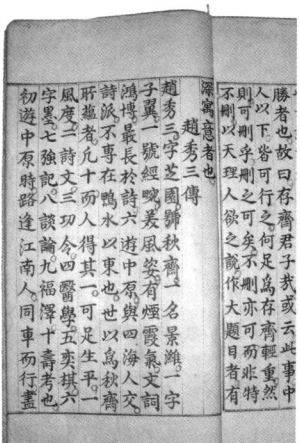

19세기의 저명한 화가 조희룡이 화가, 중인 무사, 승려 등 43인의 전기를 모아 엮은 『호산외사(壺山外史)』. 이 책에는 현전하는 조수삼의 유일한 전기인 「조수삼전」이 실려 있다. 조희룡이 죽기 직전까지 수정을 가한 원본이다. 수경실 소장필사본.

늙은 그는 이 책을 직접 쓴 것이 아니라 손자에게 구술하여 기록하게 했다. 그의 아들은 조수남(趙壽楠)·조수방(趙壽枋)·조수검(趙壽檢)·조수지(趙壽枳)가 있고, 손자로는 조성묵(趙性默)과 조중묵(趙重默)이 밝혀져 있다. 시인이자 저명한 화가인 조중묵이 구술을 받아 필사했을 가능성이 있다. 기록하고 나서 그는 "시험 삼아 지난날 기억의 창고를 더듬어 되살리려 했으나 열 가지 가운데 한두 가지도 남아 있지 않았다. 남은 것조차 잘못 쓰고 글자가 빠진 초본과도 같았다. 내가 이런 지경으로 노쇠하였다니 정말 너무하다!"라고 한탄했다. 그의 자탄이 과장만은 아닌데, 그 때문에 이 저술은 두 가지 특징을 보인다.

첫째로 그가 묘사한 인물 가운데 생존 연대를 판단할 수 있는 대부분의 사람이 그가 40대 이전이던 정조 시대에 생존했다. 다음으로 영조 시대의 인물이 많고, 40대 이후인 순조 연간의 인물은 아주 드물다. 홍경래의 난과 관련된 정주의 최 원장 이야기 정도가 순조 때 사연이다. 오랜 기억 속의 인물과 사건이 대부분이어서 저술은 19세기에 이루어졌지만 내용은 18세기 중후반에 활약했던 인물들을 다루고 있다.

둘째로 노년기에 낡은 기억을 되살려 기록했기 때문에 객관적 사실에서 작은 착오들이 종종 보인다. 예컨대 30화에서 달문은 결혼한 적이 없는데 영조 임금 덕택에 혼인을 했다고 한 것, 36화에서 남휘는 의금부 도사밖에 지내지 않았는데 그를 참판이라고 한 것 따위이다. 그런 착오가 저술의 신빙성을 해칠 수준은 결코 아니지만 꼼꼼한 텍스트 점검이 요구된다.

4

『추재기이』는 사회적 소수자의 남다른 인생을 이야기 소재로 삼아 당대 하층 사회의 일면을 부각시켰다. 이 책에 등장하는 대부분은 대체로 그 시대의 명물이다. 다시 말하면, 대중들 틈에서 시선을 끌어서 당시에는 이름만 대면 알 만한 존재들이었다.

『추재기이』의 그 같은 독특한 미덕은 다른 저작이 따라가기 쉽지 않은지라 한 시대의 대표적인 저술로 인정받아 다양하게 활용되었다. 그 시대에 중하층 사회의 인물지(人物志)인 『이향견문록』과 『희조질사(熙朝軼事)』 같은 저술도 이 책을 적극적으로 활용하였다. 문집 『추재집』을 벗어나 별도의 단행본으로도 필사되어 읽혔다. 지금도 몇 종의 필사본 단행본이 남아 있다.

명성 높은 저술임에도 불구하고 『추재기이』나 이 책이 포함된 문집 『추재집』은 오랫동안 간행되지 못했다. 그의 사후 세도가이자 그의 후견인 역할을 했던 조인영(趙寅永)이 간행을 시도했으나 불행히 조인영의 빠른 사망으로 성사되지 못했다. 손자인 조중묵이 간행을 시도하여 그의 친구이자 시인인 나기(羅岐)가 조수삼의 시고를 편집했으나 그때 역시 간행되지 못했다. 1939년에야 보진재(寶晉齋)에서 연활자로 『추재집』 4책이 간행되었는데 책의 권7에 「고려궁사(高麗宮詞)」, 「외국죽지사」, 「공령(功令)」과 함께 『추재기이』가 실렸다. 한편 서울대 규장각에 8책본 『추재시고(秋齋詩稿)』가 소장되어 있는데, 이것이 간본의 저본으로 보인다. 여기에도 『추재기이』가 수록되었다. 필사본과 간행본 사이에는 차이가 거의 없다.

『추재기이』는 중요성을 인정받았음에도 불구하고 널리 유포되거나 활용되지 못했다. 근대 이후에도 사정은 크게 달라지지 않았다. 해방 시기에 서울대 교수를 지내고 『조선문학사』를 집필했던 이명선은 특히 이 책의 가치를 높이 평가하여 등사본으로 만들어 대학에서 강독 교재로 사용했다. 그후 야담 연구에서 매우 중요한 자료의 하나로 널리 연구되었다. 이우성·임형택은 『이조한문단편선』(1990)에서, 북한의 학자 박윤원·박세영은 『조수삼 리상적 작품집』(1992, 남한에서 『이야기책 읽어주는 노인』이란 제목으로 재출간되었다)에서 내용의 일부를 가려 뽑아 번역하였다. 또 최근 허경진은 완역을 시도하기도 했다.

지금까지의 번역은 초역이나 단순 번역에 머문 경우가 많고, 오류도 적지 않다. 『추재기이』는 당시 사람의 이목을 집중시켜 입소문에 올라 있던 명물의 삶을 기록한 것이기에 동시대 지식인의 저술 곳곳에 산발적으로 동일한 인물들이 많이 묘사되어 있다. 조수삼은 인물을 간결하게 포착하는 데 그쳤지만 다른 저작에서는 이들을 상세하게 다룬 경우도 많다. 또 동일한 인물은 아니지만 행적이 비슷한 인물에 주목한 사례도 적지 않다. 역자는 그런 특징에 초점을 맞추어 새롭게 번역하여 18~19세기의 독특한 인간 형상을 재구할 수 있는 텍스트로 선보이고자 노력했다. 해설에는 그 같은 역자의 고심을 담았다. 다양한 방증(傍證) 자료를 이용할 때 『추재기이』는 동시대의 많은 저작들과 교류함으로써 새롭게 읽고 재해석할 수 있다. 이 번역서를 통해 200~300년 전 하층 사회 인물들의 생생한 모습을 일부나마 복원하는 데 기여할 수 있기를 기대한다.

한편으로 71인의 인물 가운데 특별히 부각시킬 만한 캐릭터 22인은 집중적으로 분석하여 『조선을 사로잡은 꾼들』이란 제목으로 같은 출판사에서 간행했다. 1화 은덩이를 양보한 홍씨와 이씨, 22화 나무꾼 시인 정 초부, 25화 거문고 악사 김성기, 28화 인기 있는 서당 훈장 정학수, 29화 골동품에 미친 늙은이, 30화 의리의 광대 이달문, 31화 이야기책 읽어주는 사람 전기수, 35화 해금 켜는 노인, 36화 여승과 사랑에 빠진 양반, 40화 의리를 지킨 기생 한섬, 46화 일지매, 47화 홍씨 집에 찾아든 대범한 강도, 51화 이야기 주머니 김 옹, 55화 입으로 온갖 소리를 내는 박 뱁새, 57화 벙어리 조방꾼, 59화 오입쟁이에게 사기친 조방꾼 이중배, 60화

노처녀 삼월이, 66화 제주도 빈민을 구제한 만덕, 67화 동생 찾아 전국 팔도를, 통영동이, 69화 봉산의 장님 점쟁이 유운태, 70화 물고기로 변한 노파, 71화 정인을 따라 자살한 금성월이 그것이다. 이들은 이미 앞 책에서 상세하게 분석했기 때문에 본 역서에서는 자세하게 설명하지 않았다.

2010년 10월
매봉 아래 연구실에서
안대회

자서(自序)

余生而早慧, 六七歲卽誦經史, 讀子集, 操筆學屬文. 以故先生長者多愛而齒諸坐, 余亦樂聞緒餘, 未嘗一日離于側. 其人皆七十已上者, 每擧耳目觀記, 與酒之勸酬·詩之唱和, 相間而竟日也. 余乃一一記存, 一一持守, 侏儒之囊, 已果然矣.

及夫長而自家又浪遊四方, 閱歷世故, 聞見益廣. 點檢胸中, 如藏書家卷册纍纍, 部類秩秩. 愚竊自喜曰: "記性未艾之前, 安得時年暇, 一出而著述之, 不至乎空然泯沒, 飮一大恨也?" 然顧坐於懶漫, 又意以謂'書成而無少補於堯舜周孔之道, 同歸乎稗官野語也, 則毋寧不作之爲可.' 因循未果矣.

今年病幾死復起, 時當長夏溽熱, 所居湫隘, 喘喘畏日, 無以作消遣法. 試自反舊有, 則十不能一二, 所餘又如抄本之誤書落字者, 甚矣, 吾衰至於此乎! 遂令兒孫把筆, 倚枕作紀異詩, 人有小傳, 合爲若干篇. 而事或關於人之是非·國之政令, 一不及焉, 非徒不欲言也, 亦已忘故也.

噫! 是不過慨初心於草莽, 歎餘生於蒲柳, 聊爾爲禦眠遣暑之資. 凡我同人, 覽之而憫其老悖, 不曰: '怪力亂神, 吾夫子不語'云, 則誠厚幸也. 若其文詞, 搆之急就, 雜以呻囈, 則烏得免人事不省之誚也.

나는 태어나면서부터 조숙하고 영리하여 예닐곱 살 때부터 경서와 사서를 암송하고 많은 사상서와 문집을 읽었다. 또 붓을 잡고서 글 짓는 법을 배웠다. 그랬더니 선생들과 어른들께서는 나를 귀여워하여 자리에 끼도록 허락해주셨다. 나도 그분들의 말씀을 듣는 것이 즐거워 하루도 곁을 떠나지 않았다. 모두들 일흔 이상 나이가 드신 분들이라, 늘 귀로 듣고 눈으로 보고 기억한 것들을 꺼내 말씀을 나누시면서 사이사이에 술을 권하거니 받거니 하며 시를 주고받는 것으로 하루해를 보내셨다. 나는 그때 들은 것을 하나하나 기억에 붙들어 매고, 하나하나 잘 간직하여 작은 지식 주머니의 배가 벌써 불룩해졌다.

장성한 뒤로는 사방을 떠돌아다니고 세상 풍파를 두루 겪으면서 보고 들은 것이 한층 많아졌다. 심중에 쌓아둔 이야기를 점검해보니 마치 장서가가 서책을 차곡차곡 쌓아 종류별로 질서 정연하게 잘 분류해놓은 것과 같았다. 나는 은근히 기뻐서 "기억력이 감퇴하기 전에 얼마간 여유로운 시간을 얻어 쌓아둔 이야기를 한 번 꺼내 저술을 만들면 좋겠구나! 허무하게 몽땅 사라져 큰 한을 품어서는 안되겠다"고 생각하였다.

그러나 게으른 탓도 있는 데다 '책을 저술하되 요순(堯舜) 임금과 주공(周公), 공자(孔子)의 도리에 조금이나마 도움이 되지 못하고, 패관야담(稗官野談)의 차원에 머문다면 차라리 짓지 않은 편이 더 옳다'는 생각도 들어서 차일피일 미루며 손을 대지 못하였다.

올해 나는 병이 들어 거의 죽다 살아났다. 길고긴 여름 찌는 듯한 무더위 철을 지내자니 머무는 집은 습하고 비좁아서 헐떡대며

햇볕을 피해 다녔다. 도저히 무료한 시간을 보낼 방법이 없었다. 시험 삼아 지난날 기억의 창고를 더듬어 되살리려 했으나 열 가지 가운데 한두 가지도 남아 있지 않았다. 남은 것조차 잘못 쓰고 글자가 빠진 초본(抄本)과도 같았다. 내가 이런 지경으로 노쇠하였다니 정말 너무하다! 드디어 손자에게 붓을 잡으라고 하여 베개에 기댄 채 기이시(紀異詩)를 지었다. 사람마다 소전(小傳)을 붙여서 합해보니 약간 편(篇)이 되었다.

　인물의 옳고 그름이나 나라의 정사에 관련된 일은 한 가지도 언급하지 않았다. 말하고 싶지 않아서만은 아니다. 벌써 다 잊었기 때문이기도 하다.

　오호라! 이 책은 초야에 묻힌 늙은이가 젊은 시절의 계획을 안타까워하고, 쇠약해져 여생을 한탄하며, 그럭저럭 졸음을 막고 더위를 식히는 도구로 삼고자 한다. 우리 동인들이 이 책을 보고서 늙고 망령된 나를 불쌍히 여겨 "우리 공자님께서는 괴이함과 힘쓰는 것과 난잡한 것과 귀신에 대해서는 말씀하지 않으셨다"● 면서 비난하지나 않으면 정말 다행이겠다. 급하게 글을 엮느라 잠꼬대 같은 문장이 뒤섞여 있으니 인사불성이라는 비웃음까지 어찌 모면하랴?

● 『논어(論語)』 「술이(述而)」 편에 나오는 말이다.

| 차례 |

옮긴이의 말 | 18~19세기 마이너리티의 초상 — 5

자서(自序) — 20

1화	은덩이를 양보한 홍씨와 이씨 讓金洪李	— 27
2화	신선을 놓친 유생 兪生	— 30
3화	젓대 부는 산사람 吹笛山人	— 34
4화	유랑하며 시를 짓는 송 생원 宋生員	— 36
5화	맹자를 외우는 거지 복홍 福洪	— 40
6화	대구의 수박 파는 노인 賣瓜翁	— 43
7화	차돌 깨는 차력사 破石人	— 46
8화	부처가 된 소금장수 鹽居士	— 49
9화	구걸하여 주인을 먹여 살린 종 乞米奴	— 52
10화	따비밭을 개간한 중 畲田僧	— 55
11화	산꼭대기의 홍 봉상 洪峯上	— 58

12화	벽란도의 거지 노인 碧瀾丐者	— 61
13화	물지게꾼 汲水者	— 65
14화	내 나무 吾柴	— 69
15화	놋그릇 닦는 바보 공공 空空	— 72
16화	골목길 청소하는 노인 임 옹 林翁	— 75
17화	지두화의 명인 장송죽 張松竹	— 78
18화	닭을 닮은 노인 雞老人	— 81
19화	헌 누비옷 입은 행자 스님 破衲行者	— 83
20화	귀신 잡는 엄 도인 嚴道人	— 85
21화	거울 가는 절름발이 磨鏡躄者	— 88
22화	나무꾼 시인 정 초부 鄭樵夫	— 90
23화	소나무를 사랑한 노인 愛松老人	— 94
24화	형수를 모신 약 캐는 늙은이 採藥翁	— 99
25화	거문고 악사 김성기 金琴師	— 101
26화	효자 등짐장수 負販孝子	— 104
27화	영조의 상여를 든 장사 姜轝士	— 106
28화	인기 있는 서당 훈장 정학수 鄭先生	— 109
29화	골동품에 미친 늙은이 古董老子	— 112
30화	의리의 광대 이달문 李達文	— 115
31화	이야기책 읽어주는 사람 전기수 傳奇叟	— 119

32화	중랑천 낚시꾼 中冷釣叟	— 123
33화	원수를 갚은 희천의 며느리 報讎媤婦	— 126
34화	거지와 원숭이 弄猴丐子	— 129
35화	해금 켜는 노인 嵇琴叟	— 133
36화	여승과 사랑에 빠진 양반 三疊僧歌	— 136
37화	수유리 주막의 술 파는 노인 勸酬酤	— 139
38화	달구질하는 노인 築埋翁	— 142
39화	시 잘하는 도적의 아내 能詩盜婦	— 145
40화	의리를 지킨 기생 한섬 寒蟾	— 148
41화	떠돌이 망건장이 조석중 乾坤囊	— 151
42화	쌈지에 없는 것이 없는 박생원 無所不佩	— 155
43화	평안도 정주의 최 원장 崔院長	— 158
44화	천재 시인 안성문 安聖文	— 161
45화	떠돌이 장님 가수 孫瞽師	— 166
46화	일지매 一枝梅	— 169
47화	홍씨 집에 찾아든 대범한 강도 洪氏盜客	— 172
48화	범을 잡은 사내 打虎人	— 176
49화	거리의 협객 김오흥 金五興	— 181
50화	매점매석으로 망한 팽쟁라 彭錚羅	— 184
51화	이야기 주머니 김 옹 說囊	— 189

52화	기인 화가 임수월 林水月	—	192
53화	범이 보호한 박 효자 朴孝子	—	196
54화	범이 된 무사 배 선달 裵先達	—	200
55화	입으로 온갖 소리를 내는 박 뱁새 朴鷦鷯	—	203
56화	기생들이 총애하는 이총각 李總卝	—	205
57화	벙어리 조방꾼 啞挈間	—	207
58화	압록강을 지킨 박동초 斑豹子	—	211
59화	오입쟁이에게 사기친 조방꾼 이중배 李仲培	—	216
60화	노처녀 삼월이 洞口三月	—	219
61화	시 도깨비가 붙은 촌 아낙 酒泉婦	—	222
62화	음담패설의 제왕 의영 義榮	—	228
63화	시줏돈을 낚아챈 깡패 강석기 姜攉施	—	230
64화	탈춤의 명인 탁 반두 卓班頭	—	233
65화	거꾸로 걷는 여성 장애인 倒行女	—	237
66화	제주도 빈민을 구제한 만덕 萬德	—	239
67화	동생 찾아 전국 팔도를, 통영동이 統營童	—	242
68화	거짓말 못 하는 김씨 아들 金氏子	—	246
69화	봉산의 장님 점쟁이 유운태 劉雲台	—	248
70화	물고기로 변한 노파 化魚婆	—	252
71화	정인을 따라 자살한 금성월 錦城月	—	255

1화
은덩이를 양보한 홍씨와 이씨
讓金洪李

漢城梧泉李氏, 數世富家, 及其曾玄, 蕩敗赤立, 賣其居於洪氏. 當廳一柱, 傾側將頹, 洪氏修整之, 中有小錠銀三千, 盖李之先所藏也. 洪招李還之, 李辭曰:"銀雖吾祖之藏, 而無明文, 家已售君, 銀亦君物!" 相讓不已. 至聞于官, 官白于朝, 上敎曰:"吾民有如此賢者, 誰謂今人不如古人乎?" 命分其半, 皆賜爵.

洪家何管李金傳, 辭者賢如讓者賢.

聖世旌褒敦薄俗, 鄰邦幾處息爭田.

한성(漢城)의 오천(梧泉)●에 사는 이씨는 몇 대에 걸쳐 부자로 살았다. 증손과 현손 대에 이르러 가산을 탕진하여 빈털터리 신세라 살던 집을 홍씨에게 팔아 넘겼다. 그 뒤 대청마루 기둥 하나가

● 조선시대 한양 남부(南部) 훈도방(薰陶坊)에 있던 오천계(梧泉契)를 말한다. 현재의 행정구역으로는 수표동과 을지로 2가 및 장교동에 걸쳐 있다

기울어 곧 무너질 지경이라 집을 산 홍씨가 이를 보수하였다. 그런데 기둥 안에서 은덩이 3천 냥이 나타났다. 집을 판 이씨의 선조가 감추어둔 재물임에 틀림없었다. 홍씨가 이씨를 불러 은을 돌려주었다. 그러자 이씨는 "우리 조상께서 감추어둔 은덩이로 보이기는 하지만, 명문(明文)*이 없는 데다 집을 이미 그대에게 팔았으니 은도 당신 물건이오"라며 거절하였다.

양쪽이 서로 은을 사양하여 결말이 나지 않자 끝내 관아에 알려 주인을 결정하기로 하였다. 관아에서는 그 사실을 조정에 보고했다. 보고를 접한 임금님께서 "우리 백성들 가운데 이렇듯 어진 사람이 있구나! 지금 사람이 옛 사람보다 못하다고 누가 말하랴?"라고 말씀하시고는 은덩이를 절반씩 나눠 가지라고 명령하고 두 사람 모두에게 벼슬을 내리셨다.

"이씨네 조상이 전해준 금전을
홍씨네가 어떻게 차지하느냐?" 며
은덩이를 사양한 홍씨는
양보한 이씨만큼 어질구나!

성군께서 그들을 표창하여
각박한 세태를 일깨웠으니

---

* 법전이나 조약문과 같이 중요한 문헌에 기록된 증거가 될 문서, 또는 후일에 증거를 만들기 위하여 명백하게 적어놓은 문서를 말한다

이웃 나라 몇 곳에서
농토를 다투는 일 그쳤을까?●

❦

『추재기이』 첫 번째 이야기는 막대한 재물을 서로에게 양보한 한양의 주민을 다루었다. 횡재한 사람이 재물을 독차지하지 않고 주인을 찾아 돌려주려 하자 원주인도 그 재물을 거절했다는, 일어날 법하지 않은 사건이다. 실제로 발생한 일인지는 미처 사료를 확인하지 못했으나 개연성은 충분히 있다.

집 안 어딘가에 숨겨진 거액의 보물이나 금전을 제삼자가 찾아낸다는 횡재 이야기는 적지 않게 구전되어 문헌에 흔히 등장한다. 이 이야기를 『추재기이』 맨 앞에 올려놓아 배금주의 행태가 퍼져 있던 한양에도 인간의 순수한 마음이 여전히 남아 있음을 보여주려 했다.

● 중국 고대 주(周)나라에 우(虞)와 예(芮)라는 작은 두 나라가 있었다. 두 나라 사람들이 농토를 다투다가 해결되지 않자 판결을 받으러 주나라로 갔다. 주나라 경계를 들어서자 밭갈이하는 농부는 서로 농토를 양보하고 백성들은 어른에게 매사 양보하였다. 그 모습을 보고 부끄러운 생각이 든 두 나라 사람들은 주나라 문왕(文王)을 보지도 않고 서로 농토를 양보하고 돌아갔다. 『시경(詩經)』「대아(大雅)」 '면(緜)'과 『사기(史記)』「주본기(周本紀)」에 나오는 고사이다.

2화
신선을 놓친 유생
俞生

俞生, 南陽士人. 少喜遊山, 好談神仙事, 而家富厚, 故鞍馬僕從, 徧遊國內名勝, 不以寒暑廢焉, 曰:"四時之景皆不同." 嘗冒大雪, 入金仙臺止宿. 俄有二老人一少年入, 而夜已央矣. 見三人, 皆袒懷跣足, 疑其爲鬼恠, 竊恐悸. 已而三人曰:"天甚寒, 飮酒可乎!" 袖出一酒壺·一蕉葉, 葉中小兒手數枚, 壺中酒鮮如血也. 生益喫驚, 不敢語. 三人者, 各飮一杯, 佐以一手, 又酌以勸生, 又勸一手. 生謝曰:"生天戒不近酒肉." 三人笑曰:"君旣不食, 吾將食之." 遂盡其餘而出戶, 不知其處. 生始驚悟, 聞葉上餘瀝芳烈, 舐之則甘香淪肌, 乃知當面錯過. 雖垂死之日, 言輒淚下, 自恨無福分.

金仙臺上見霜眉, 蔘液盈杯佐肉芝.

當面錯過千古恨, 俞生泣說少年時.

유생(俞生)은 남양(南陽)●의 선비이다. 젊어서 산을 유람하기를

좋아했고 신선 이야기를 즐겼다. 집안이 부유했기에 안장을 지운 말과 시중드는 하인을 데리고 나라 안의 명승지를 두루 유람하였다. "사철마다 풍경이 제각기 다르다"고 하면서 추위나 더위를 탓하며 유람을 중단하는 일이 없었다.

언젠가는 큰 눈을 무릅쓰고 금선대(金仙臺)**에 들어가 묵은 적이 있다. 불현듯 노인 둘과 소년 하나가 나타나 안으로 들어왔는데 벌써 밤이 깊은 시각이었다. 세 사람은 모두 가슴을 열어젖히고 맨발을 하여 귀물(鬼物)로 보이는지라, 내심 두려운 생각이 들어 가슴이 조마조마했다.

조금 있다가 세 사람은 "날씨가 매우 춥구나. 술을 마시는 것이 좋겠다!"라고 하며 소매 속에서 술병 하나와 파초 한 잎을 꺼냈다. 파초 잎에는 어린아이 손이 여러 개 싸여 있고, 병 속의 술은 피처럼 선홍빛이었다. 유생은 너무 놀라서 입 밖으로 말이 나오지 않았다.

세 사람은 각기 술을 한 잔씩 마시고 손 하나를 안주로 먹고 나더니, 다시 술을 따라 유생에게 권하고 손 하나를 안주로 권하였다. 유생이 사양하며 말했다.

"소생은 천성이 술과 고기를 가까이하지 않습니다."

● 남양부(南陽府)로 현재의 경기도 수원·화성 일대이다.

●● 경북 문경군 운달산(雲達山)에 있는 절이다. 혹은 삼각산에 있던 호젓한 절인 금선암(金仙菴)을 가리킬 가능성도 있다. 조수삼과 동시대 사람인 박윤묵(朴允默)의 『존재집(存齋集)』에는 「금선암 유기」가 실려 있다. 조수삼도 만년에 이 암자에서 오랫동안 머물렀다.

그 말에 세 사람은 웃으며 "그대가 먹지 않는다면 우리가 먹어야지"라고 말하더니 드디어 남은 것을 먹어치우고는 밖으로 나갔는데 금세 어디론가 사라졌다. 유생은 그때야 깜짝 놀라 깨달았다. 파초 잎에 남은 찌꺼기에서 진동하는 향기를 맡고 혀로 핥아보니 맛은 달고 향기로움이 살갗으로 파고들었다. 비로소 신선이 눈앞에 나타났는데도 알아차리지 못하고 그대로 보내고 말았음을 깨달았다. 유생은 죽을 때까지 그 일을 얘기하며 걸핏하면 눈물을 흘리고 복 받을 연분이 없다고 자탄하였다.

금선대 위에서
서리처럼 흰 눈썹을 한 자들이
산삼액 술잔을 가득 채웠고
영지로 안주를 삼았네.

눈앞에 나타난 신선을
그대로 보낸 것이 천고(千古)의 한이라고
젊은 날의 사연을
유생은 울면서 말하네.

우연히 만난 사람이 신선이었음을 뒤미처 확인하고 안타까워하는 이야기는 야사에 제법 자주 등장한다. 유생의 사연은 실제 체험담처럼 구체적이다. 그는 평소에 신선 이야기를 좋아하고,

그들과 만나고자 전국의 명산을 유람했다. 그리하여 막상 신선을 만났으나 귀물 같은 행색에, 그들이 권한 어린아이 손 같은 산삼이며 선홍빛 피처럼 보이는 술을 보고는 기겁했다. 그 행색과 먹을거리를 보고 신선을 귀신이라고 판단한 것이다. 속세 사람의 흐린 눈으로 보았기 때문에 눈앞에 신선이 나타났으나 그대로 그들을 보내고 말았다. 신선을 동경하고 그들을 만나고자 애쓰는 많은 이야기는 당시 사람들에게 늘 신비로움을 선사하였다.

3화
젓대 부는 산사람
吹笛山人

山人不知何許人. 每歲楓葉方酣時, 吹笛, 自北漢山城出東門, 向鐵峽寶盖山中. 頂蘴背蓑, 步履如飛, 人多見之者.

蘴笠來時風颯然, 老人非鬼亦非仙.

一聲鐵笛歸何處, 紅樹靑山似去年.

산사람이 어떤 사람인지 그 내력을 알 수 없다. 해마다 단풍잎이 한창 붉게 타오를 때면, 산사람은 젓대를 불면서 북한산성 성곽으로부터 내려왔다가 동대문을 나서 철원 보개산(寶盖山)으로 향하였다. 머리에는 삿갓을 쓰고, 등에는 도롱이를 걸치고 걸음걸이가 나는 듯하였다. 그를 본 사람들이 아주 많았다.

삿갓 쓴 사람이 올 때가 되면
바람은 소슬하게 불어오는데
노인은 귀신도 아니지만

그렇다고 신선도 아니라네.

쇠 피리로 한 곡 불면서
가는 곳은 어디일까?
지난해에도 올해처럼
단풍이 붉게 물든 푸른 산이었지.

❀

 한양을 에워싼 산마다 단풍이 절정에 이를 때면 불쑥 나타나는 사람이 있다. 아무도 정체를 모르는 산사람은 북한산성에서 젓대를 불면서 한양으로 들어와 다시 동대문을 나서서 철원의 명산 보개산으로 향하였다. 특이한 복장을 한 산사람은 도회 사람들의 수군거림을 뒤로하고 유유히 사라졌다. 해마다 나타나는 산사람의 정체는 사람들의 입에 오르내리며 궁금증을 증폭시켜 신비감을 더해갔다. 도회지의 소시민들에게 작은 파문을 일으키고 신비로움을 선사한 기인의 이야기이다.

4화
유랑하며 시를 짓는 송 생원
宋生員

宋生員, 貧無室家. 顧能詩, 故伴狂遊戱, 人有唱韵, 輒對如鼓答枹. 句索一錢, 奉于手則受, 投諸地則不顧也. 往往多佳句, 如送同鄕驛子曰: '千里相逢萬里別, 江城花落雨紛紛.' 而未嘗以全鼎向人也. 或云: "恩津宋氏, 諸族人憐之, 爲其家, 留之, 遂不復出."

江城花落雨紛紛, 佳句人間直一文.
日出軟紅團似盖, 兒童爭逐宋生員.

송 생원은 가난하여 가정을 꾸리지 못했다. 그러나 시 짓는 재능이 있어 일부러 미친 체하면서 세상을 떠돌아다녔다. 남들이 운자(韻字)를 부르면, 그 자리에서 시를 지어 마치 북채로 북을 치자 바로 소리가 나는 듯했다. 시를 짓고 나서는 한 구절에 동전 한 푼을 달라고 했는데, 손바닥에 올려주면 받고 땅에 던져주면 쳐다보지도 않았다.

그가 지은 시에는 아름다운 구절이 제법 많았다. 예컨대 동향(同鄕) 출신의 역자(驛子, 역에서 일을 보던 사람)를 배웅하는 시에 "천 리 타향에서 만난 벗을 만 리 멀리 보낼 때/ 강으로 이어진 성곽에 꽃은 지고 비는 부슬부슬" 이라는 구절이 있다. 그렇지만 그는 시 전체를 남에게 보여준 적이 한 번도 없다.

어떤 사람은 그가 은진(恩津) 송씨인데 그 일가 몇 사람이 불쌍히 여겨 가정을 꾸려주고 잡아 붙든 뒤로 다시는 세상 출입을 하지 않는다 하였다.

"강으로 이어진 성곽에
꽃은 지고 비는 부슬부슬"
아름다운 이 구절
한 푼 값이 나가네.

해가 떠올라서
일산(日傘) 같은 저잣거리에
철부지 아이들은 남 뒤질세라
송 생원의 뒤를 쫓네.

송 생원은 몰락한 양반 선비로 시장과 골목을 떠돌며 시를 지어 들려주고 돈을 받는 부랑아이다. 거지 행색을 하며 동네 조무래기들을 끌고 다니는 모습은 밑바닥 인생으로 추락한 몰락한 양반의 전형을 보여준다. 조수삼은 이 사람에게 큰 흥미를 느껴 젊은 시절의 저작인 『연상소해』에도 비슷한 내용의 기사를 실었다. 다음은 그 전문이다.

> 송 수재(宋秀才)는 본디 회덕(懷德) 사람이다. 집안이 가난하여 미친 척하고 걸식하였으나 시를 잘 지었다. 운(韻)을 불러주는 사람이 있으면 메아리가 응답하듯이 바로 시를 지어냈다. 일찍이 역마을 사람을 위하여 부채에 다음 시구를 써주었다.
>
> 천리 타향에서 만난 벗을
> 만 리 멀리 보낼 때
> 강으로 이어진 성곽에
> 꽃은 지고 비는 부슬부슬.
>
> 그 역마을 사람이 연경(燕京)에 갔는데 연경 사람들이 이 시구를 애송하여 마지않았다.●

여기서 그를 회덕 사람이라고 한 것은 회덕이 은진 송씨의 세거지(世居地)이므로 그가 은진 송씨 양반이라는 의미이다. 이 기사에

● 조수삼, 『연상소해(聯床小諧)』, 수경실 소장 필사본. "宋秀才本懷德人. 家貧陽狂乞食而能詩. 人有命韻者, 輒應對如響. 嘗爲一驛子題句於便面云: '千里相逢萬里別, 江城花落雨紛紛.' 驛子之燕, 燕人愛誦不捨."

서는 칭호가 생원에서 수재로 바뀌었고, 중국에까지 그의 시가 알려졌다는 사실을 덧붙였다.

5화
맹자를 외우는 거지 복홍
福洪

福洪不知何許人, 問其姓, 曰: "不知!" 問其名, 則: "福洪!" 年可五十餘, 而顧總角也. 日乞食於城中, 排日分門, 不失其次. 夜則臥廢廨中, 覆藉乎一藁席, 終夜誦孟子書不撤.

湛睛鬖髮鬼公如, 排日人家一飽餘.

藁薦牛衾兼牛席, 喃喃終夜誦鄒書.

복홍(福洪)은 어떤 사람인지 그 내력을 알 수 없다. 그에게 성이 무어냐고 물으면 "몰라!"라고 대꾸하였고, 이름이 무어냐고 물으면 "복홍이야!"라고 대꾸하였다. 나이는 쉰여나믄 살로 보였다. 하지만 그 나이에도 총각이었다.

날이 밝으면 성안을 돌아다니며 밥을 구걸하는데, 날을 정해 한 집 한 집 찾아가 순서를 어기는 법이 없었다. 밤이 되면 사용하지 않는 관아 건물에 들어가 잠을 잤다. 볏짚으로 만든 멍석 하나를 깔고 덮은 채 밤새도록 『맹자』를 암송하는 소리가 그치지 않았다.

바랑을 멘 채 목탁을 두드리며 동냥에 나선 처사의 모습.
김준근, 「처사격탁포(處士擊鐸包)」, 19세기 후반, 함부르크 민족학박물관 소장.

퀭한 눈동자에 헝클어진 더벅머리
영락없는 도깨비 꼴을 하고
날을 정해 집집을 다니며
끼니마다 배를 채운다.

멍석 하나로 절반은 이불 삼고
절반은 요를 삼아서
중얼중얼 밤새도록
『맹자』를 외운다.

더벅머리 꼴을 한 거지 복홍의 사연이다. 성이나 출신 내력을 밝히지 않은 것은 지체 있는 가문 출신임을 은연중 암시하기 위한 장치이다. 밤이면 밤마다 거적 위에서 『맹자』를 암송한다는데 이 역시 그가 양반가 출신임을 보여주는 행동이다. 몰락한 지식인이 거리의 부랑아로 떠도는 조선 후기 사회의 한 단면을 보여주는 기사이다.

6화
대구의 수박 파는 노인
賣瓜翁

大邱城外, 有賣瓜翁. 歲種嘉瓜, 瓜熟, 薦諸道傍. 見人輒勸之, 不問價錢有無, 有則酬之, 無則施之.
東陵嘉種十畦田, 瓜熟時丁焴暑天.
絳雪玄霜隨刃滴, 擎盤施渴不論錢.

대구의 성곽 밖에는 수박을 파는 노인이 있다. 해마다 맛 좋은 수박을 심었다. 수박이 익으면 길옆에 내놓고 지나가는 사람에게 수박을 권하였다. 과객에게 돈이 있고 없고를 묻지 않았다. 돈이 있으면 값을 받고 없으면 그냥 베풀었다.

맛이 좋은 수박•을

• 원문은 동릉가종(東陵嘉種)으로 여기서는 수박씨를 가리킨다. 본래 동릉(東陵) 은 한(漢)나라 사람 소평(召平)으로 오이를 비유한다. 『사기』「소상국세가(蕭相

열 이랑 밭에 심어
수박이 익을 때면
찌는 듯한 더위가 기승을 부린다.

붉은 살과 검은 씨●가
칼날 따라 떨어지면
소반에 받쳐 목마른 자에게 베풀 뿐
돈이 있고 없고는 묻지 않는다.

노인은 수박 농사를 지어 파는 농사꾼이자 상인이다. 수박을 돈 받고 팔기에 상인이 아니라고 할 수 없다. 그러나 제대로 된 상인은 아니다. 과객에게 돈이 있으면 받고 돈이 없으면 그냥 주기 때문이다. 갈수록 금전의 노예가 되어가는 세상에서 그는 아직도 금전으로 가치를 매길 수 없는 인정을 베푸는 사람이다. 그런 노인 이야기가 사람들 사이에 회자되었고, 조수삼은 유독 그러한 이야기를 즐겼다. 그런데 한편으로 생각하면, 이는 물건을 사고

國世家)」에 "동릉후는 진(秦)나라가 망한 뒤 벼슬을 잃었다. 생활이 가난하여 장안성 동쪽에 오이를 심었는데 그 맛이 아주 좋아 세상에서는 동릉과(東陵瓜)라고 하였다"라는 내용이 있다.
● 원문은 강설현상(絳雪玄霜)으로 수박의 붉은 살과 검은 씨를 비유한다. 강설과 현상은 본래 선약(仙藥)의 이름이다. 『한무제내전(漢武帝內傳)』에 "선가(仙家)의 상품 약에 현상과 강설이 있다"라고 하였다.

파는 것에 익숙하지 못한 조선 사회의 한 단면을 보여주는 사례가 아닐까?

7화
차돌 깨는 차력사
破石人

破石人, 囊出水磨烏石, 長五六寸, 圍如腕者. 坐俟人之願見者, 以左手食指. 無名指爲藉, 長指覆之, 用右拳一撲, 則石中折, 百無一失. 他人試斧錯鎚之, 堅韌不能斷. 將歸, 擧折石向日, 側目窺見, 或有收之囊中, 餘皆置諸地. 有識者曰: "斯人也, 其能解煮石服食法."

浪磨波砑石生光, 數寸圍圓半尺長.

拳打中分窺向日, 心知煮熟有新方.

차돌을 깨는 사람이 푸대에서 검은 빛깔의 차돌을 꺼냈다. 차돌은 크기가 대여섯 치쯤 되고, 굵기가 팔뚝만 하였다. 구경꾼이 모여들기를 앉아서 기다렸다가 왼손 식지와 무명지 위에 차돌을 놓고 엄지손가락으로 차돌을 덮었다. 그런 다음 오른손 주먹으로 한 번 내리치니 차돌은 한가운데가 쩍 갈라졌다. 백 번에 한 번도 실패하지 않았다. 다른 사람이 시험 삼아 도끼나 끌로 내리쳐봤으나 단단하여 깨뜨리지 못했다.

　그는 돌아갈 때 잘린 돌을 들어 태양을 향해 곁눈질하여 비스듬히 살펴보았다. 간혹 어떤 돌은 푸대 속에 도로 넣었고 나머지는 모두 땅바닥에 그대로 버려두었다. 식견을 가진 분이 "이 사람은 아마도 돌을 끓여 먹는 방법을 아는가 보다"●라고 말하기도 하였다.

　　물결에 씻기고 파도에 갈려
　　반들반들한 차돌은
　　동글동글하여 지름은 몇 치이고
　　크기는 반 자쯤이다.

　　주먹으로 내리쳐 반으로 갈라놓고
　　해를 향해 살펴보노니
　　돌을 끓여 익혀 먹는 새 방법을
　　터득하고 있나 보다.

　단단한 조약돌을 깨는 차력사를 보고서 기록하였다. 도회지의 인파가 몰리는 장소에서 구경꾼을 상대로 기예를 보여주고 약 따

● 고대 신선술 가운데 석종유(石鐘乳)를 끓여서 복용하는 법이 있었다. 이시진(李時珍)의 『본초강목(本草綱目)』 권10의 「수중백석(水中白石)」조에 나온다. 이규경(李圭景)의 『오주연문장전산고(五洲衍文長箋散稿)』 「찬백석운근변증설(餐白石雲根辨證說)」에도 돌을 끓여 먹는 다양한 방법이 소개되어 있다.

위의 물건을 파는 사람이다. 20세기에도 장터에서 흔히 보던 풍경인데, 이 기록은 18세기 조선의 도회지와 장터에서도 차력이 심심찮게 구경거리가 되었음을 증언한다. 그런 기예가 도회지 사람들의 시선을 끌었고, 차력사에게 호기심을 표해 그를 신선술을 익힌 사람으로 보는 시선도 있었음을 알 수 있다. 이런 유의 인물은 다른 저작에서는 거의 다루지 않고 있다.

8화
부처가 된 소금장수
鹽居士

居士, 湖南人, 負鹽行販, 至五臺山, 見諸僧作萬日會, 寄鹽於住持僧, 入會中趺坐. 日一飮水, 入定三年, 作不生不滅身. 諸近寺僧諜以爲眞生佛, 設盛齋, 輪供之. 後一日, 不知其所之云.
層波疊劫夙根深, 陸地蓮花頓悟心.
萬日會中千日坐, 滄溟夜夜送潮音.

거사는 호남 사람으로 소금을 지고서 행상을 다녔다. 그가 오대산에 이르렀을 때 (월정사의) 많은 스님들이 만일회(萬日會)를 여는 것을 보고서 주지 스님에게 소금을 맡긴 후 모임에 들어가 가부좌를 틀고 앉았다. 하루에 물만 한 차례 마시고 3년 동안 선정(禪定)에 들어가 생겨나지도 않고 사라지지도 않는 몸●을 만들었다.

● 원문은 불생불멸신(不生不滅身)이다. 생겨나지도 않고 없어지지도 않는, 깨달음이나 해탈의 경지를 말한다.

월정사 인근 여러 절의 스님들이 진짜 생불이 나타났다고 와자하게 법석을 떨면서 성대한 재를 올리고 번갈아 그에게 공양을 바쳤다. 어느 날 그는 어디론가 사라졌는데 간 곳을 아무도 몰랐다.

무한한 억겁 세월 동안•
쌓은 인연이 깊어선가?
육지의 연꽃에서
불현듯 깨달음의 마음이 일었네.

만일회(萬日會)에서
천 일을 앉았더니
푸른 바다에서 밤마다
파도 소리를 보내오네.

소금장수는 행상 가운데 가장 흔한 부류였다. 그야말로 무지한 장사꾼에 불과하다. 그가 우연히 월정사에서 승려들의 만일회에 끼어서 참선하여 용맹 정진한 결과 3년 만에 깨달음을 얻었다. 오랫동안 불도를 닦은 승려들보다도 빨리 깨달음을 얻은 그는 승려

• 원문은 층파첩겁(層波疊劫)으로 층첩(層疊)한 겁파(劫波)를 바꿔 표현한 말이다. 여기서 겁파는 산스크리트어 kalpa의 번역어인데, 가장 길고 영원하며 무한한 시간의 단위이다.

들로부터 생불이라고 추켜세워졌다. 그런 소란 속에서 그는 갑자기 사라졌고, 월정사의 한 전설로 남게 되었다.

9화
구걸하여 주인을 먹여 살린 종
乞米奴

奴, 金氏家老蒼頭也. 主已死, 子又夭. 有寡婦孤孫, 困甚無以爲生. 奴日行乞, 歸供朝夕. 雖有得, 寒不敢衣, 飢不敢飽. 知之者, 皆義之, 樂爲施捨也.

飢忘糊口凍忘衣, 乞米盈囊日暮歸.

寡婦孤兒何所望, 主人三世老奴依.

종은 김씨 집 늙은 노비였다. 주인은 이미 세상을 떴고 아들마저 일찍 죽었다. 과부와 고아가 된 손자만이 남겨졌으나 곤궁하여 생계를 꾸려갈 길이 없었다. 늙은 종은 해만 뜨면 거리로 나가 구걸하여 과부와 고아에게 아침저녁으로 끼니를 바쳤다. 얻은 물건이 제법 되었는데, 추워도 자기가 입지 않았고 배고파도 자기 배를 불리지 않았다. 그런 사실을 알게 된 사람들은 종을 의인이라 여겨 기꺼운 마음으로 물건을 베풀었다.

배고파도 제 입에 풀칠하지 않고
얼어 죽어도 저는 옷을 입지 않고
쌀을 구걸하여 바랑에 채워
날이 저물자 집으로 돌아온다.

과부와 고아가
기댈 데가 어디 있나?
주인집 삼대가
늙은 종만 의지한다.

주인집을 위해 헌신하는 늙은 노비의 선행을 부각시킨 이야기이다. 당시 한양에서 꽤나 널리 알려진 실화로 보인다. 가난한 집 종노릇하기 힘들다는 말이 있지만 이 집의 경우에는 아예 생계가 막막했다. 당시는 노비들이 도망하여 공노비 제도는 혁파되었으나 민간에서는 여전히 사노비를 재산처럼 소유하던 시대이다. 이 헌신적인 노비는 생계 수단이 전혀 없는 가난한 주인을 구걸해서라도 봉양하였다. 주인을 위해 봉사한다는 노비의 직분과 인간적 의리를 보여주었기에 사람들은 그에게 연민의 정을 느꼈다.

이러한 부류의 노비들 사연이 사대부의 문집과 야담에 상당히 많이 등장한다. 번암(樊巖) 채제공(蔡濟恭)의 문집에도 서울 마포에 사는 이의(李顗)의 여종 칠분(七分)의 사연이 나온다. 칠분은 삯바느질을 하고 물을 길어 무능한 주인을 먹여 살렸다. 주인집 부자가 한꺼번에 죽자 과부와 어린 아들을 대신하여 장례까지 치러주고 과로한 나머지 죽었다.

10화
따비밭을 개간한 중
畚田僧

　　德川校宮傍近有曠谷, 而谷中皆惡樹亂石, 似無尺寸饒. 而一日一衲子來白曰: "願地谷爲田, 耕三年後, 依法納稅分墾可乎!" 校曰: "諾!" 明朝, 裹數斗餠, 携一柯斧, 至則啖餠盡, 飮水. 旣入谷中, 手拔樹且伐, 足蹴石轉下. 日未中而菁叢磽确, 已爲平衍. 焚所拔樹而去. 明日一手推雙犁, 起于原, 止于峰, 縱橫上下, 作數十百畝. 種粟數石, 而結草廬居之. 及秋穫粟千五六百斛, 今年如此, 明年如此, 又明年如此, 積粟三千餘斛矣. 一日來告曰: "佛不可耕而學也, 僧今告歸." 田畝納于校宮, 明日招本邑曁傍邑近里民三千餘戶, 戶施一石, 僧竟飄然而去.

　　一臂耕犁勝十牛, 三年收穫粟如邱.

　　春來散盡飄然去, 民食穰穰及數州.

　　덕천(德川) 향교 근처에 넓은 골짜기가 있었다. 골짜기 안에는 모두 쓸모없는 나무와 울퉁불퉁한 자갈이 가득해 기름진 땅이라

곤 한 자 한 치도 없어 보였다. 하루는 중 하나가 찾아와 이렇게 말하는 것이었다.

"골짜기를 개간하여 밭으로 만들고 싶소. 3년 동안 경작하고 그 뒤로는 법에 따라 세를 낼 테니 땅을 나누어줄 수 있겠소?"

향교에서는 "좋다"고 응낙했다.

다음 날 아침 그는 몇 말의 떡과 도끼 한 자루를 들고 와서 떡을 다 먹어치운 다음 물을 마셨다. 다음에는 골짜기 안으로 들어가 손으로는 나무를 뽑거나 베어내고, 발로는 바위를 차 아래로 굴렸다. 해가 채 중천에 이르기도 전에 잡초밭과 자갈밭이 벌써 평탄하고 넓게 바뀌었다. 뽑아낸 나무는 불태워 없애버렸다.

다음 날은 한 손으로 날이 두 개인 보습을 밀었다. 언덕에서 시작하여 봉우리에 이르러 그쳤는데, 상하 종횡으로 밭을 갈아 수십 묘에서 일백 묘에 이르는 밭을 일궜다. 개간한 밭에 좁쌀 씨를 몇 섬 뿌린 다음 초가집을 짓고 살았다.

가을이 되자 좁쌀 1500~1600섬을 수확하였다. 그해뿐 아니라 다음 해에도, 그다음 해에도 그처럼 수확하여 쌓아둔 좁쌀이 3000여 섬에 달했다.

하루는 중이 찾아와서 이렇게 말했다.

"불자(佛子)가 농사를 지으며 공부하는 것은 불가능하군요. 소승은 이만 돌아갈까 하오니 일궈놓은 밭은 향교에 바치겠소."

다음 날 본읍(本邑)과 주변 고을의 가까운 마을에 사는 3000여 호(戶)의 백성을 불러 집집마다 좁쌀을 한 섬씩 나누어주고, 중은 마침내 표연히 떠나갔다.

팔뚝 하나로 보습을 메어
소 열 마리보다 힘이 세다.
3년을 수확한 결과
좁쌀이 언덕을 이뤘네.

봄이 되자 다 나눠주고
그가 표연히 사라진 뒤
몇몇 고을 백성들은
곡식이 넉넉해졌네.

❦

지금의 평안남도 덕천군에 있던 덕천 향교의 따비밭을 개간한 스님의 사연이다. 여기에는 두 가지 이야기가 겹쳐 있다. 하나는 오래 내버려두어 거칠어진 밭을 개간하는 사업이고, 다른 하나는 빈민에게 곡식을 베푼 자선사업이다. 노동력을 쏟아 산지를 개간하는 일이 크게 활성화되었던 당시 상황을 살필 수 있다. 힘센 승려 혼자서 개간했다고 하여 신비로운 색채를 더했다. 다음으로 이야기의 핵심은 그렇게 개간해 얻은 곡식을 자기가 쓰지 않고 백성들에게 무상으로 골고루 분배했다는 점이다. 이 승려는 아무런 대가도 바라지 않고 사회사업을 행한 후에 표연히 사라졌다. 기아에 허덕이던 민중들의 구원을 갈망하는 심리가 투영된 이야기이다.

11화
산꼭대기의 홍 봉상
洪峯上

洪生本士人, 而人不知其居何在. 每春秋佳日, 有歌樂者, 雖數十里之遠, 必至而高坐於相望山峰上. 妓女樂工歌者, 莫不驚相呼曰: "峰上來矣!" 送饋酒肉, 醉飽而去.

滿城絲管日遨遊, 南漢行春北漢秋.

聲樂果能相感召, 洪崖先在上峯頭.

홍생(洪生)은 본래 양반 선비였다. 사람들은 그가 어느 곳에 사는지를 몰랐다. 해마다 날 좋은 봄가을이 되어 노래하고 음악을 연주하는 잔치가 벌어지면, 아무리 수십 리 떨어진 먼 곳일지라도 반드시 찾아가 마주 보이는 산봉우리 위에 오뚝하니 앉았다. 기녀와 악공, 가객들은 그를 보고 놀라움을 금치 못하고 "봉상(峯上) 어른이 오셨다!"라고 외쳤다. 그에게 술과 고기를 보내주면 실컷 먹고 나서 자리를 떴다.

서생과 기생 들이 난로회를 열고 둘러 앉아 벙거짓골 요리를 즐기고 있다.
눈 내린 겨울날임에도 불구하고 들놀이의 흥건한 향취가 느껴진다.
김홍도, 「설중난로(雪中煖爐)」, 18세기, 프랑스 기메 국립동양미술박물관 소장.

한양에는 온통 풍악 소리 울리며
날마다 나들이 가는 철이라
봄에는 남한산성이 제격이요
가을에는 북한산성이 제격이다.

정녕코 노래와 풍악이란
사람을 끄는 것이 있는 걸까?
홍애(洪崖)• 어른이 우리보다 앞서
저편 봉우리 위에 앉아 있다.

🐝

홍 봉상은 나들이 명소에서 잔치가 열릴 때마다 귀신같이 알아차리고 저편 산꼭대기에 나타나는 인물이다. 그래서 봉상이란 이름을 얻었다. 선비라는 것만 알려졌을 뿐 나머지는 베일에 싸인 사람이다. 그도 양반 지체를 유지하지 못하고 한양의 놀이문화에 기생해서 목숨을 부지하는 몰락한 양반의 하나이다. 그렇다고 구걸하거나 기행을 저지르지 않는다. 그가 살아가는 방법은 호화로운 잔치가 벌어지는 저편 산꼭대기에 앉아 있는 것이다. 무위도식하는 파락호로서 그만의 살아가는 방법을 마련한 셈이다.

• 홍애는 부구(浮丘)와 함께 전설상의 신선인데 홍생의 성 때문에 이끌어다 쓴 인물이다. 곽박(郭璞)의 「유선시(遊仙詩)」에는 "왼손으로는 부구(浮丘)를 잡고, 오른손으로는 홍애의 어깨를 친다(左挹浮丘伯, 右拍洪厓肩)"는 구절이 있다.

12화
벽란도의 거지 노인
碧瀾丐者

吾先子於少時有事, 往海州, 暮至碧瀾渡. 渡卽候潮行船, 故行人擧將止宿, 雞鳴乃渡. 見有一老者, 衣敗絮, 喘汗病暑, 坐廠下, 店人索飯錢, 罵不休. 吾先子憫其老, 代還飯錢, 又出橐中布襦袴衣之. 老子飯其飯, 衣其衣, 無一語. 少焉慫頌進曰: "此地不可過夜, 願公還尋舊路, 再明日可渡"云云. 吾先子亦忽心動, 趣駕還, 未及一亭, 雷雨暴注. 避次村舍, 雨三晝夜直下, 再明曉, 方開霽. 自西來者, 誼言碧瀾渡三十餘戶, 崩頹蕩墊, 牛馬雞犬, 幷不得免矣. 嗚呼! 老者誠異人也.

六月鶉裘何處翁, 佛乎仙也急人風.

吾家先子援登岸, 碧海桑田乃夜中.

내 선친*께서 젊었을 때 일이 생겨서 해주에 가셨다. 저물어서 벽란도(碧瀾渡) 나루**에 도착하였다. 이 나루는 밀물이 들 때를 기다려 배를 띄우기에 행인 대부분이 여기서 유숙했다가 닭이 우는 새벽이 돼서야 물을 건넌다.

　행인 가운데 한 늙은이를 보았는데, 헌 솜옷을 입고 숨이 차서 땀을 흘리며 더위병에 걸려 헛간 아래에 앉아 있었다. 객점(客店) 사람이 밥값을 내놓으라며 그에게 쉬지 않고 욕을 해댔다. 선친께서는 늙은 사람이 욕을 당하는 것을 불쌍히 여겨 밥값을 대신 치르고, 전대 속에서 무명 저고리와 바지를 꺼내 입으라고 주었다. 밥을 먹고 옷을 입은 늙은이는 고맙다는 말 한마디 없었다. 잠시 뒤 무언가에 놀란 듯 앞으로 다가와 말했다.

　"이곳에서 밤을 지내서는 안 됩니다. 공께서는 온 길로 돌아갔다가 모레 건너시는 게 좋겠습니다."

　선친께서도 갑작스레 마음이 불안해져 말을 돌려 서둘러 돌아갔다. 10리를 채 가기도 전에 우레와 폭우가 사납게 쏟아져 마을 객사에 머물러 비를 피하였다. 비는 사흘 낮밤을 쉬지 않고 내리더니 이틀이 지난 새벽에야 날이 갰다. 서쪽에서 온 사람들이 떠들썩하게 말하는 소리가 들렸다.

　"벽란도 30여 호가 집이 무너지고 물에 쓸려갔는데 소, 말, 닭, 개도 모두 물난리를 헤어나지 못했다더군."

　아! 그 늙은이는 진실로 이인(異人)이다.

● 조수삼의 부친은 조원문(趙元文)으로 가선대부 한성부 좌윤 겸 오위도총부 부총관에 추증되었다. 자세한 행적은 밝혀져 있지 않다.
●● 황해도 예성강 하류에 있는 나루.

6월 여름에 누더기를 입은
노인은 어디 사람일까?
부처인지 신선인지
남을 도와주는 풍모가 있다.

우리 집 선친께서
강 언덕에 올라가 보니
뽕나무밭이 푸른 바다로 변한 일이
밤사이에 벌어졌다네.

예성강을 건너는 가장 큰 나루터인 벽란도는 행인들이 묵어가는 길목이기에 수많은 사연을 낳은 장소였다. 조수삼은 그의 선친이 여기서 범람한 강물에 휩쓸릴 뻔한 액운을 면한 사연을 기억했다가 기록하였다. 선친은 홍수가 닥칠 것을 미리 알아차리는 기이한 인물을 만났기에 액운에서 벗어났다. 그런 만남은 아무에게나 가능한 것이 아니다. 모든 사람이 무시하고 심지어는 욕설까지 퍼붓는 사람에게 연민을 표하고 인간다운 대우를 해주었기에 기인(奇人)이자 이인(異人)은 미래를 예견하는 능력을 발휘하여 재앙을 피할 방법을 알려주었다. 그럼으로써 인간답지 못한 속물들은 제거되고 인간다운 현인은 위기를 모면하여 세상에 남는다. 적어도 이 사연에서만은 인간을 사랑하면 결국 구원받는다는 통쾌함을 맛보게 된다.

벽란도의 늙은이는 뛰어난 능력을 괴기하고 누추한 외모로 감추고 현세를 방랑하는 이인이다. 그 같은 이인에 관한 사연은 이 밖에도 헤아릴 수 없을 만큼 많다.

13화
물지게꾼
汲水者

汲水者, 長在城西閭巷間, 人家久而哀其飢而進之食. 城西多山, 小旱井泉渴. 汲水者, 夜入山中, 得泉源, 臥守之. 雞鳴, 汲水者汲水, 而分餉所親. 人問: "何乃自苦如此?" 曰: "粥飯恩, 亦不可不報!"

臥藉靑莎枕石根, 五更先起汲泉源.

無家有累休相問, 未報東鄰粥飯恩.

물지게꾼은 여염집이 옹기종기 모여 있는 경성 서쪽에 오래도록 살았다. 동네 사람들이 오랫동안 낯이 익은지라 그가 굶주리는 것을 불쌍히 여겨 밥을 먹여주었다. 경성 서부 지역은 산이 많기는 하지만 조금이라도 가물면 샘물이 말랐다. 물지게꾼은 밤에 산속으로 들어가 샘물을 찾아 누워서 지켰고, 닭이 울면 물을 길어 친근하게 대해준 이들에게 골고루 나눠주었다. 어떤 사람이 "무엇하러 이렇게 사서 고생하는가?"라고 물었더니 "죽과 밥을

도성 안 시장 풍경을 세밀하게 묘사한 「태평성시도(太平城市圖)」중 일부.
도판의 아랫부분을 보면 저잣거리의 물지게꾼이 묘사되어 있다.
작자 미상, 19세기 전반, 국립중앙박물관 소장.

주는 은혜를 갚지 않아서는 안 되지요!"라는 대꾸가 돌아왔다.

푸른 잔디에 드러누워
돌부리를 베고 있다가
신새벽이면 먼저 일어나
샘물을 긷는다.

어느 집에도 빚진 일 없다고
말하지 마오.
죽과 밥을 준 이웃집에
은혜를 채 못 갚았소.

🌸

물지게꾼은 자기 힘으로 생계를 꾸려가지 못하는 극빈층 사람이다. 가족이 있는지 없는지는 알 수 없다. 그런 그를 동네 사람들이 십시일반으로 먹고살 수 있도록 도와주었다. 물지게꾼은 그에 대한 보답으로 수량이 적은 샘터를 밤새 지키고 있다가 새벽같이 물을 떠서 그에게 밥을 준 사람들 모두에게 물을 길어다 주었다. 목숨을 부지하도록 도와준 사람에 대한 최선의 보답이었다. 물질과 금전으로 관계를 맺어 인간이 소외되는 도시 사회에서 극빈자를 돕는 이웃의 인정이 있다. 새벽어둠 뚫고 물을 길어 나르는 물지게꾼에게서는 작은 일로나마 보답하려는 정성이 있다. 조수삼이 저명한 인사들 틈에 물지게꾼을 굳이 끼워놓은 것은 바로 따뜻한 인간애를 부각시키려는 의도 때문일 것이다.

14화
내 나무
吾柴

吾柴, 賣柴者也. 不曰賣柴, 而但曰吾柴. 若甚風雪祈寒, 則循坊曲而叫, 餘時則坐街上. 適無來買者, 出懷中書讀之, 則古本經書也.

風雪凌兢十二街, 街南街北叫吾柴.

會稽愚婦應相笑, 宋槧經書貯滿懷.

내 나무는 땔나무를 파는 사람이다. "나무 사려!"라고 외치지 않고 "내 나무!"라고만 외쳐댔다. 심하게 눈보라가 치는 추운 날에만 골목골목을 다니면서 외쳤고 다른 때에는 거리에 그냥 앉아 있었다. 나무를 사러 오는 사람이 없을 때면 품 안에 든 책을 꺼내 읽었다. 그 책은 고본(古本) 경서(經書)였다.

눈보라 거세게 치는
한양의 번화한 거리마다

골목 아래위를 다니며
"내 나무"라고 외친다.

바보 같은 회계군(會稽郡) 여자라면
틀림없이 비웃겠지만●●
"송나라 판본●●● 경서가
가슴에 가득하다!"

🌸

한양 거리에서 볼 수 있는 특이한 나무꾼을 묘사하였다. 다른 나무꾼처럼 "나무 사려!"라고 외치질 못하고 "내 나무!"라고 외치거나 평소에는 그저 멀뚱멀뚱 길거리에 앉아 있는 이상한 나무

● 원문에서는 열두 개 거리[十二街]로 되어 있다. 본래 당나라의 수도 장안성(長安城)은 남북이 7개 거리, 동서로 5개 거리가 있었다. 그 때문에 열두 개 거리는 장안의 거리를 가리키는데, 여기서는 한양의 번화한 거리를 비유한다.
●● 바보 같은 회계군 여자는 한(漢)나라 무제 때의 명사인 주매신(朱買臣)의 본처를 가리킨다. 회계군 사람인 주매신은 집안이 가난하여 아내와 함께 땔나무를 하여 생계를 유지하며 공부에만 열중하였다. 그런 남편을 부끄럽게 여겨 아내가 이혼을 요구하자 주매신이 나이 들어 부귀를 누리게 해주겠다고 약속했으나 아내는 곧이듣지 않고 떠나버렸다. 후에 무제로부터 인정을 받은 주매신이 회계군 태수가 되어 부임하여 그 전처와 남편을 잘 대해주었으나 전처는 자신을 부끄럽게 여겨 자살하였다. 『한서(漢書)』「주매신전(朱買臣傳)」에 이야기가 기록되어 있다.
●●● 송나라에서 판각(板刻)한 서책으로 서법에 뛰어난 사람을 시켜 잘 베껴 쓰게 한 다음 정교하게 교정을 보고 판각하여 간행하였다. 그 때문에 후세에 높은 평가를 받았다. 조선시대에도 이 판본은 대단히 귀중하게 취급하였다.

꾼이다. 사라는 말은 장사꾼이나 하기 때문에 상행위를 하지 않는 양반 신분인지라 "나무 사려!"라는 말은 입 밖에 내지 못하였다. 생계가 어려워 서민들이 흔히 생계 수단으로 삼는 나무꾼 노릇을 하지만 품속에는 그 귀한 송나라 판본 경서가 들어 있다. 경제적으로 몰락한 양반이 시장에 흘러들어오는 당시 사회상을 보여주는 이야기이다.

15화
놋그릇 닦는 바보 공공
空空

空空, 崔氏奴也. 生而愚戇, 粥飯之外, 不知爲何物. 中年學飮, 始知濁酒一杯, 有二錢可沽也. 日向人家, 問滌銅錫器否? 出而試之, 則磨滌不用力, 而器皆光明發輝. 器主量給賃錢, 過二文則投其餘, 直走向壚頭.

愚似空空是不愚, 得錢何過兩靑蚨.

辛勤滌器隨多少, 喜辦村壚濁一盂.

공공은 최씨 집 노비이다. 태어나기를 어리석고 고지식하여 죽과 밥 외에는 아무것도 몰랐다. 중년에야 비로소 술을 배워 막걸리 한 사발을 두 푼이면 산다는 것을 알았다. 날마다 인가를 찾아가 놋그릇을 닦겠느냐고 물어서 주인이 그릇을 내놓으면 힘들이지 않고 닦고 씻는데, 그릇이 모두 번쩍번쩍했다. 주인이 그릇 닦은 값을 셈하여 주되 두 푼을 넘어서면 나머지는 던져버리고 곧장 주막으로 달려갔다.

바보라도 공공 같다면
바보가 아니지.
동전을 주어도
엽전 두 개면 더는 필요 없어.

남들이 주는 대로
힘들여 그릇 씻고서
주막집 막걸리 한 사발
살 돈 벌었다며 좋아하네.

최씨 집 노비의 이름은 공공(空空)이다. '공공'이라 불리기보다는 '빌빌이'로 불렸을 가능성이 더 높다. 이름을 훈차(訓借)하는 방식으로 지은 것이다. 공(空)을 숭상하는 불교에서는 이를 이용한 이름이 있어, 고려시대에 유가대사(瑜伽大士) 경조(景照) 스님의 자가 공공이다. 아무튼 머리가 텅텅 빈 바보라는 의미로 그는 공공이라 불렸다.

공공은 중년이 넘어서야 술맛을 알았다. 누가 술을 사줄 리는 없어 집집마다 돌아다니며 놋그릇을 닦아주겠노라고 했다. 열심히 광택이 나도록 닦아서 수고비로 푼돈을 던져주면 딱 두 푼만 받아서 곧장 주막으로 향했다. 두 푼이면 주막에서 막걸리를 사 먹을 수 있었고, 그보다 많은 돈은 무의미하기 때문이었다. 일도 더 하지 않았다. 오로지 막걸리 값 두 푼만을 벌기 위해 일하는 사람이었다. 공공이란 이름에 딱 부합하는, 돈 욕심을 보이지 않는 행동이다.

조수삼은 왜 공공이란 우스꽝스러운 바보를 도시 골목길의 명물로 기록했을까? 물질과 돈의 속박에서 벗어나 자유롭게 살아가는 바보의 삶이 물질과 돈의 노예가 된 도회지 부자와 소시민의 삶보다 못하지 않다는 메시지를 던지기 위해서가 아니었을까? 공공은 많이 벌어 많이 쓰는 탐욕스러운 인간이 아니다. 최소한만 벌어 최소한만 소비하고 그것으로 누구보다 행복하다. 탐욕이 어두운 그림자를 던지는 대도회에서 공공만이 그에 역행하는 삶을 살아가고 있다.

16화
골목길 청소하는 노인 임 옹
林翁

棗洞安家廊下有傭婦, 而其夫則老矣. 雞鳴而起, 淨掃門巷, 遠及四隣. 朝則閉戶, 獨坐室中, 雖主人, 亦罕見其面也. 一日偶見其婦進飯于夫, 擧案齊眉而敬如賓. 主人意其爲賢士, 禮以叩之. 翁謝曰: "賤者, 豈足受主人禮也! 是爲罪過, 將辭去!" 明日遂不知所向.

晨興掃地畫扃關, 深巷人過劇淨乾.
擧案齊眉如不見, 誰知廊下有梁鸞.

조동(棗洞)●의 안씨 집 행랑에는 품팔이하는 아낙네가 살았다. 남편은 늙은이였는데, 닭이 울면 일어나서 문 앞 골목을 깨끗하게 쓸기 시작하여 멀리 사방의 이웃 골목까지 청소하였다. 아침

● 서울 남부 명례방(明禮坊)에 속한 지명이다. 대추나무골로 현재의 을지로 2가와 장교동 사이에 걸쳐 있었는데 대추가 많아 대조동(大棗洞) 또는 조동으로 불렸다.

에는 문을 닫고 홀로 앉아 있는데 집주인조차 얼굴을 거의 보지 못하였다. 하루는 우연히 아낙네가 남편에게 밥상 올리는 장면을 목격하였는데, 밥상을 눈썹에까지 올려 바쳐서 큰 손님을 모시듯 공경하는 것이었다. 남편이 아마도 어진 선비이리라고 짐작한 주인이 예를 갖추어 만나려 하였다. 그러나 노인은 사양하며 말했다.

"천한 것이 주인에게 예우받을 게 뭐 있겠습니까? 이야말로 잘못이므로 곧 떠나겠습니다."

다음 날 보니 어디론가 떠나버려 간 곳을 알 수 없었다.

새벽이면 일어나 골목을 쓸고
낮이 되면 문을 닫기에
행인 지나는 긴 골목길이
너무도 깨끗하였네.

밥상 들어 눈썹에 올리는
그 장면을 못 보았다면
누가 알았으랴?
행랑에도 양홍(梁鴻)이 있었음을. •

• 양홍은 후한(後漢) 때의 이름난 선비이다. 그가 막노동 일을 하고 집에 돌아오면 그의 아내 맹광(孟光)이 음식상을 이마 위에까지 들어 올려 그의 앞에 놓을 만큼 남편을 공경하였다. 거안제미(擧案齊眉)의 고사가 그로부터 나왔다.

도시 한구석에 숨어 사는 이름 없는 노인의 존재를 캐는 사연이다. 남의 집 행랑에 살며 품팔이하는 아낙네의 늙은 남편이 등장한다. 그의 존재감은 실로 미미하나 마침내 이인으로 밝혀진다. 그는 새벽같이 일어나 온 동네 골목을 깨끗하게 청소한다. 기이하게도 무시해도 좋을 것만 같은 그 무능한 남편을 부인이 지극히 공경하고 있다. 누가 봐도 상식적으로 잘 이해가 가지 않는다. 전통적으로 뛰어난 학식과 인품을 갈고 닦은 선비가 간혹 속된 세상에 숨어 산다고 생각했기에 주인집 남자가 예를 갖추어 그를 방문하였다. 그러나 늙은이는 천한 자가 예우받을 일이 없다며 다음 날 사라졌다. 저자는 도회지 골목 곳곳에는 명예도 부귀도 없으나 빼어난 덕망과 인품을 지닌 고사(高士)가 숨어 있음을 드러내려 하였다.

17화
지두화(指頭畵)의 명인 장송죽
張松竹

張生, 嶺南人, 游學京師. 每酒酣, 吸墨數碗, 噴於大幅, 以指頭揮抹. 其淺深大小, 或畵松竹花卉鳥獸魚龍, 或作篆隷行草飛白, 而其濃淡曲折, 莫不隨意. 見者不知其爲指頭戱也.
今張壓倒古張名, 濡髮狂呼不足驚.
斗量噴來方丈紙, 指頭書畵若天成.

장생(張生)은 영남 사람으로 서울로 올라와 공부했다. 술이 거나해지면 먹물을 몇 사발 들이마셔 큰 화폭에 뿜은 후 손톱으로 그림을 그렸다. 뿌려진 먹물의 깊이와 넓이에 따라 송죽(松竹), 화훼(花卉), 조수(鳥獸), 어룡(魚龍)을 그렸고, 혹은 전서(篆書), 예서(隷書), 행서(行書), 초서(草書), 비백서(飛白書)•로 글을 썼다. 농담(濃淡)과

• 서체의 한 가지로 후한(後漢)의 채옹(蔡邕)이 잘 쓴 서법이다.

곡절(曲折)을 자유자재로 구사했다. 그림을 본 사람은 손톱으로
장난삼아 그린 그림임을 알아차리지 못했다.

   오늘날의 장씨가
   당나라 때의 장씨•를 압도하노니
   머리털에 먹을 묻혀 미친 듯 외치는 짓도
   놀랄 게 아니지.

   먹물을 한 말이나 뿜어서
   한 길 크기의 종이에 뿌리고
   손톱으로 그린 그림은
   조화옹의 솜씨라네.

   영남 출신 화가로 여항에서 명성을 얻은 장송죽을 소개하였다.
조수삼의 설명으로 보면 꽤나 이름난 화가로 보이나 그의 실명을
파악하기는 어렵고 작품이 전하는지도 알 수 없다. 조선에서는
18세기 전반 이후 새로운 화법으로 지두화가 유행하였다. 당시
지두화로 명성을 얻은 화가로는 최북(崔北)과 이인상(李麟祥), 허필

• 당나라 시절의 명필 장욱(張旭)을 가리킨다. 초성(草聖)으로 불린 장욱은 술을
좋아하여 만취한 상태에서 머리털에 먹을 묻혀 휘갈겨 써서 세상에서 '장전(張
顚, 미치광이 장씨)'이라고 불렸다.

(許佖) 등이 있었다. 장생은 붓이라는 전통적 회화도구를 버리고 입으로 먹물을 뿜은 다음 손톱으로 그림을 그렸는데, 다들 알아차리지 못할 만큼 정교했다. 그는 여항인들 사이에 이름이 있었던 화가로 보인다.

18화
닭을 닮은 노인
雞老人

一老人, 身短少禿髮, 如牝雞冠. 兩手撲其臂, 作雞鳥聲, 四隣之雞, 皆鳴. 聽諸遠, 則人聲雞聲, 雖師曠之聰, 亦難辨也.

雙翎䐗膊入雞群, 一喔先聲四野聞.

徒食徒行還似許, 人生不遇孟嘗君.

한 노인이 있었는데, 키는 작고 대머리에 머리털이 조금 있어 마치 암탉의 닭벼슬과도 같았다. 그는 양손으로 팔뚝을 쳐서 닭 우는 소리를 냈다. 그러면 사방 닭들이 모두 따라서 울어댔다. 멀리서 들으면 사람이 내는 소리인지 닭이 우는 소리인지 분간하기 어려웠다. 제 아무리 사광(師曠)●처럼 귀 밝은 사람이라도 그러했다.

● 사광은 중국 춘추시대 진(晉)나라의 악사로 소리를 잘 분간하기로 유명하였다. 후대에는 청각이 아주 뛰어나 음률을 잘 분간하는 사람을 상징하였다.

양 날개를 푸드덕거리며
닭떼 속에 들어가서
닭 울음소리 먼저 내자
사방 들판에서 따라 우네.

일 없이 놀고먹을 팔자가
충분히 되건마는
맹상군(孟嘗君)을 못 만난
팔자를 탓해야지.●

❧
닭 울음소리를 흡사하게 모사해내는 노인의 사연이다. 소리는 물론이거니와 생긴 모습조차 닭과 흡사하였다. 그 때문에 당시에는 이름이 꽤 알려져 주목을 받았다. 그런 재주를 가졌으나 특별한 대우를 받지 못 한 점을 조수삼은 아쉽게 여겼다. 성대모사가 각광을 받고 몸짓 흉내가 인기를 얻은 당시 대중문화의 일면을 보여준다.

● 중국 춘추전국시대 제(齊)나라의 공자인 맹상군(孟嘗君)의 고사를 빌려 썼다. 진나라에 들어간 맹상군을 진왕이 잡아 가두고 죽이려 할 때 맹상군을 따라온 식객 가운데 도둑질 잘하는 사람이 진나라 궁중에 있는 호백구(狐白裘)를 훔쳐 내어 진왕의 애첩에게 바쳐서 풀려났다. 또 닭 울음을 잘 흉내낸 식객이 새벽닭처럼 울어 밤에 관문을 열고 국경을 탈출했다. 계명구도(鷄鳴狗盜)의 고사가 여기에서 나왔다. 이들은 평소에는 아무런 일도 하지 않고 놀고먹었으나 위기에 봉착하여 주인을 구해냈다.

19화
헌 누비옷 입은 행자 스님
破衲行者

余少讀書于僧伽寺, 一日見一行者, 衣懸鶉, 持木魚, 來拜寺僧. 夕齋後, 走上碑峰頂, 終夜叩木魚念佛號. 明朝下, 趁齋供, 辭去. 住僧有識之者曰: "彼首座發願, 徧踏國中諸寺刹. 至則上上上峰, 念佛終夜. 雖雨雪風寒, 無少苦也"云.

域內千千萬萬峯, 峯峯願着老禪蹤.

木魚聲裡朝暉上, 始覺深林夜雪封.

나는 젊은 시절에 승가사(僧伽寺)에서 글을 읽었다. 하루는 행자(行者) 한 사람을 보았는데 누더기를 입고 목탁을 가져와 스님에게 절을 하였다. 저녁 공양이 끝난 뒤에 비봉(碑峰) 꼭대기에 올라가 밤새도록 목탁을 두드리며 염불을 하였다. 다음 날 아침 정상에서 내려와 아침 불공에 참석한 다음 하직하고서 절을 떠났다. 승가사 스님 가운데 그를 아는 사람이 있어 이런 이야기를 해주었다.

"저 수좌승(首座僧)은 온 나라 안의 여러 사찰을 두루 다니겠노라고 발원(發願)한 분이지요. 이르는 절마다 가장 높은 봉우리 정상에 올라가 밤새도록 염불을 합니다. 아무리 눈비가 내리고 바람 불고 추워도 조금도 힘들어하지 않는답니다."

나라 안의 천이면 천
만이면 만 개의 봉우리에
봉우리 봉우리마다
늙은 중의 발자국을 남기련다.

목탁 소리 속에
아침 햇살 떠오르자
밤사이에 깊은 숲이
눈에 뒤덮였구나!

승가사는 서울 북한산에 있는 유명한 사찰이다. 조수삼이 글공부할 때 직접 목도한 어떤 스님의 기이한 사연을 기록했다. 그 스님은 전국의 사찰이란 사찰은 남김없이 순례하는 것을 사명으로 삼아 실행하는 인물이었다. 게다가 산중에 도착하면 가장 높은 봉우리 정상에 올라가서 밤새도록 염불하였다. 저 행자승처럼 독실하고 뛰어난 사람이 세상에는 많이 숨어 있다.

20화
귀신 잡는 엄 도인
嚴道人

　嚴道人, 寧越弓術士. 風水星緯藻鑑, 皆能入妙. 又善符呪, 或有鬼爲人家患, 輒法冠法服, 揮釰, 納諸甁缸, 朱符封其口, 投之海中. 或啗其小者, 血流兩吻云.

　期頤顔髮葆光華, 遊不還家便出家.

　見說終南鍾進士, 對人啖鬼似啖瓜.

　엄씨(嚴氏) 성을 가진 도인(道人)은 영월 땅에 사는 활을 잘 쏘는 무사이다. 풍수를 잘 알고, 별자리를 잘 헤며, 관상을 잘 보아서 모든 술수가 신묘한 경지에 이르렀다. 또 부적을 잘 그렸고 주술을 잘 하였다. 간혹 귀신이 나타나 인가에 걱정거리를 만들면 엄도인은 법관(法冠)과 법복(法服)을 입고서 칼을 휘둘러 병이나 단지 속에 귀신을 몰아넣고 붉은 부적으로 입구를 막아 바다에 던져버렸다. 가끔 작은 귀신은 씹어 먹었는데 그러면 위아래 입술에 피가 흘렀다.

중국 청나라 때의 저명한 화가 화암(華喦)이 그린 「종규출유도(鐘馗出遊圖)」 중 일부.
화암은 인물화를 잘 그려 「오일종규도」, 「종규가매도」, 「종규평귀도」 등
여러 폭의 종규도를 남겼다. 1749년, 개인 소장.

칠십 노인인데도
얼굴과 머리칼은 젊음을 유지하고
한 번 집을 나간 뒤로 귀가하지 않고
아예 출가해버렸다네.

나는 들었지.
종남산(終南山) 종진사(鐘進士)는
사람들 앞에서 오이를 씹어 먹듯이
귀신을 씹어 먹었다고.●

온갖 술수를 잘 부리고, 특별히 귀신을 잘 잡는 강원도 영월의 도사를 소개했다. 어찌 보면 허황한 이야기에 불과하지만 조선 후기 사람들의 관심사를 엿볼 수 있다. 귀신을 잡아 병 속에 넣은 뒤 부적으로 막는가 하면, 귀신을 씹어 먹는 등의 방법은 오늘날 퇴마사 이야기에 등장하는 술수와 유사하다. 그 방법은 조선시대 사람들이 도깨비를 퇴치하는 일반적인 방법과는 다소 다르다. 중국에서 널리 퍼진 귀신 퇴치법이 유입된 흔적이다. 조수삼은 여러 차례 청나라에 다녀오면서 어느 정도 그 영향을 받은 것으로 보인다. 당시에는 조선과 청, 일본에서 귀신과 관련한 설화와 전설이 아주 인기를 얻었기에 이런 사연이 널리 퍼졌다.

- '종남산 종진사'는 중국 당나라 현종 때의 도사 종규(鐘馗)를 가리킨다. 북송(北宋) 때의 학자 심괄(沈括, 1031~1095)의 저서 『몽계필담(夢溪筆談)』에 종규에 관한 기록이 자세하게 실려 있는데, 그 내용을 간추리면 다음과 같다. 병이 난 당나라 현종이 잠을 자다 꿈을 꾸었다. 꿈속에서 귀신 둘을 보았는데 하나는 크고 하나는 작았다. 작은 귀신이 괴상한 꼴로 나타나 양귀비의 자주색 향낭과 현종의 옥피리를 훔쳐 어전을 돌아 달아났다. 그러자 큰 귀신이 작은 귀신을 붙잡아 눈을 파내고는 머리부터 와작와작 먹어버렸다. 현종이 "너는 누구냐?"고 묻자 "신은 종규로서 무과에 응시했으나 합격하지 못한 진사입니다"라고 답했다. 현종이 화가인 오도자(吳道子)를 불러 그의 모습을 그리게 하였다. 그 뒤로 종규는 귀신을 물리치고 요괴를 잡으며 액운을 떨어지게 하는 신령한 존재로 민간신앙의 대상이 되었다.

21화
거울 가는 절름발이
磨鏡躄者

躄者家在東城外, 日入城, 業磨鏡. 余年七八歲見之, 年可六十許, 鄰人七八十者云: "童卝時已見之." 日暮醉歸, 見月上, 必躊躇仰觀噓氣, 不卽去曰: "見此可悟磨鏡法." 此語韵甚也.

磨鏡歸時緩脚行, 醉看圓月上東城.

仰天噓氣長虹白, 放出雲間瀲灩明.

절름발이는 집이 동대문 밖에 있다. 날마다 도성에 들어와 거울 가는 일을 하였다. 내 나이 7~8살 무렵에 본 노인은 나이가 예순 살쯤 되어 보였다. 70~80살 먹은 이웃 노인들 가운데 어린아이 적에 벌써 그를 보았다는 이들도 있었다. 날이 저물면 술에 취하여 집으로 돌아갔다. 도중에 떠오르는 달을 보면 반드시 걸음을 멈추고 서성대며 달을 우러러보고 한숨을 내쉬었다. 한참 자리를 뜨지 않다가 이렇게 말하곤 했다. "떠오르는 달을 보면 거울 가는 법을 깨닫게 된단 말씀이야." 이야말로 정말 운치 있는 말이다.

거울 갈고 천천히
절뚝절뚝 귀가하다가
동대문 위로 떠오르는 달을
취한 눈으로 쳐다본다.

하늘을 우러러 내쉬는 숨은
희고 긴 무지개.
구름 사이 곱고 밝은 것을
토해놓는다.

'거울 가는 사람'은 원문으로는 마경(磨鏡)이다. 지금까지 대부분 안경 가는 사람이라고 번역했으나 오류이다. 당시에는 구리거울을 사용했고, 녹이 슨 거울을 가는 직종이 있었다. 궁중에서도 거울을 닦는 마경장(磨鏡匠)이란 장인을 따로 두었다. 절름발이 장애인은 구리거울을 가는 장인이었다. 그가 술에 취해 하늘에 뜬 달을 보고선 "떠오르는 달을 보면 거울 가는 법을 깨닫게 된단 말씀이야"라고 말한 이유도 달의 모습에서 둥근 구리거울을 연상한 때문이다. 게다가 구름이 걷혀 밝게 빛나는 달을 보고 파란 녹이 사라져 사람의 얼굴이 비치는 거울을 떠올렸으리라. 유학자들이 구리거울을 닦는 것을 사람의 탁한 마음을 깨끗하게 닦는 일에 비유한 까닭도, 조수삼이 운치 있는 말이라고 평을 단 이유도 여기에 있다.

22화
나무꾼 시인 정 초부
鄭樵夫

樵夫, 楊根人也. 自少能詩, 詩多可觀. 如曰;'翰墨餘生老採樵, 滿肩秋色動蕭蕭. 東風吹送長安路, 曉踏靑門第二橋.' '東湖春水碧於藍, 白鳥分明見兩三. 柔櫓一聲飛去盡, 夕陽山色滿空潭.' 如此者甚多, 而恨不傳其全集也.

曉踏靑門第二橋, 滿肩秋色動蕭蕭.

東湖春水依然碧, 誰識詩人鄭老樵.

나무꾼은 양근(楊根)• 사람이다. 젊은 시절부터 시를 잘 지었는데 볼 만한 시가 많았다. 그가 지은 시에 이런 것들이 있다.

• 조선시대의 행정구역으로 구한말에 지평(砥平)과 통합되어 현재의 경기도 양평군이 되었다. 정 초부는 양평군 팔당대교 부근인 물푸레여울에 살았는데, 주변의 대표적인 지명인 월계(月溪) 사람으로도 널리 알려졌다.

정 초부의 시를 화제 삼아 그린 김홍도의 「도강도(渡江圖)」.
사공이 사람들을 싣고 노 젓는 모습이 여유로우면서도 유려하게 표현되어 있다.

시인의 남은 생애는
늙은 나무꾼 신세!
지게 위에 쏟아지는
가을 빛 쓸쓸하여라.

동풍이 나를 몰아
장안의 큰길로 보내
새벽녘에 걸어가노라.
동대문 제이교(第二橋)를!

동호(東湖)의 봄 물결은
쪽빛보다 푸르러
선명하게 보이네

해오라기 두세 마리!

노 젓는 소리에
새들은 날아가고
노을 아래 산 빛만이
강물 아래 가득하다.

이런 수준의 작품이 매우 많지만 안타깝게도 전집이 전해오지 않는다.

"새벽녘에 걸어가노라.
동대문 제이교(第二橋)를!"
"지게 위에 쏟아지는
가을 빛 쓸쓸하여라."

동호의 봄 물결은
지금도 푸르건만
그 누가 기억하리
시인 정 초부를!

❦

영조 시대의 노비 출신 시인 정 초부(鄭樵夫)는 경기도 양평 지역에 살았다. 이름은 봉(鳳)이다. 그는 당대에 대단히 높은 명성을 얻었기에 각종 기록에 그의 사연이 전해온다. 조수삼은 정 초부가 노비 신분임을 굳이 언급하지 않았는데, 그의 신분이 후대로 가면서 잊혀지고 시명만 높아간 정황을 보여준다. 조수삼은 다른 사실은 언급하지 않고 그에게 볼 만한 작품이 많았으나 전집이 제대로 전하지 않는 안타까움만을 표현하였다. 정 초부의 대표작 두 편을 드는 것으로 기사의 대부분을 할애하여 전체적으로 매우 소략한 느낌이다. 그가 소개한 시는 정 초부의 대표작이다. 우수한 시인임에도 전집이 남아 있지 않고 사람들의 기억에서도 사라져가는 세태를 안타까워하였다. 실제로 정 초부의 작품은 그다지 많이 전하지 않는다. 역자는 그의 흩어진 시를 수집하여 유고집을 준비하고 있다.

23화
소나무를 사랑한 노인
愛松老人

　趙老, 小字八龍, 常自呼八龍, 故仍以行於世. 愛松甚, 徧求華山十餘年, 得三盤九曲松, 樹之大盆. 虯龍老幹, 苔蘚其皮. 對客自詑曰: "趙八龍不羨卿相之祿・猗陶之富"云.
　白華山中趙八龍, 平生不羨祿千鍾.
　問渠自足緣何事, 家有三盤九曲松.

　조씨 노인은 아명이 팔룡(八龍)이었다. 늘 자신을 팔룡이라 불렀기에 그 이름으로 세상에 알려졌다. 소나무를 몹시 사랑하여 백화산(白華山)●을 10여 년이나 두루 찾아 헤맸다. 그는 세 번 서리고 아홉 번 굽은 소나무를 얻어서 큰 화분에 심어놓았다. 나뭇가지는 이무기처럼 늙어 비틀어졌고, 껍질은 이끼에 뒤덮였다. 손님을 마주해서 이렇게 자랑하곤 했다.
　"조팔룡이는 정승 판서의 녹봉도, 의돈(猗頓),●● 도주공(陶朱公)●●●의 재산도 부럽지가 않소이다."

백화산에 틀어박힌
조팔룡 노인은
평생을 살면서
정승 판서를 부러워 않네.

그대에게 묻노라.
"어째서 그렇게 만족하는가?"
"세 번 서리고 아홉 번 굽은
소나무가 있기 때문이오."

  조팔룡 노인은 분재를 길러 감상하는 것이 취미인 사람으로 소나무 분재 마니아이다. 그에게 분재는 장사하기 위한 수단이 아니다. 분재는 삶의 의미 자체이다. 정승과 판서의 권력도, 의돈과

- 백화산은 경상도 문경과 충청남도 당진에 있다. 구체적으로 어느 산을 가리키는지 분명하지 않다. 조선시대에 두 산 모두 명산으로 알려졌다.
- • 춘추시대 노(魯)나라 사람이다. 도주공에게 부자가 되는 법을 배운 후 소와 양을 잘 키워서 왕공(王公)에 견줄 만큼 큰 부자가 되었다.
- •• 춘추시대 월왕(越王) 구천(句踐)의 책사인 범려(范蠡)의 별칭으로 거부의 대명사이다. 월왕이 오왕(吳王) 부차(夫差)에게 회계(會稽)에서 치욕을 당하자 범려가 미인 서시(西施)를 오왕에게 바쳐 마음을 현혹시켜 오나라를 멸망시켰다. 범려는 그 뒤 서시를 데리고 오호(五湖)에 배를 띄워 월나라를 떠났다. 그는 제(齊)나라에 들어가 치이자피(鴟夷子皮)로 이름을 바꾸고 도(陶) 땅에 살면서 주공(朱公)이라 칭하며 재산을 불려 거부가 되었다. 의돈과 도주공은 예로부터 거부의 상징으로 불렸다.

도주공의 부유함도 부럽지 않다는 말에서 인생의 의미를 소나무 분재를 즐기는 데 모두 투사한 몰입의 인간형을 발견할 수 있다. 그런 태도는 이 시기 취미에 몰두한 인간의 전형이라고 할 만하다. 동시에 분재 같은 취미 생활이 도회지 문화의 하나로 정착한 실태를 보여준다. 조수삼이 쓴 「소나무 분재를 파는 사람[賣盆松者說]」이란 글에도 이러한 상황이 잘 반영되어 있다. 다음은 그 전문이다.

    소나무 분재를 파는 자가 있었다. 가지는 이무기 꼴을 했고, 줄기는 군데군데 옹이가 생겨 울퉁불퉁했으며, 일산처럼 퍼진 잎은 비스듬하게 아래로 드리웠다. 껍질은 붉고 비늘은 검푸르렀다. 푸른 이끼가 군데군데 끼었고, 심겨진 모양이 편편하였다. 보면 바로 백 수십 년이 지난 물건임을 알 수 있다. 여기저기 섬돌과 뜨락에 늘어놓고서 20금이니 30금이니 값을 부른다. 부잣집에서는 값을 아끼지 않고 다투어 사간다. 하지만 몇 달 지나지 않아 그루터기는 벌써 땔감이 되고 만다. 그러면 다시 돈을 싸 들고 그 집 문을 들락거린다.
    소나무는 오래 산다. 제 아무리 말라도 오래 견디기 때문에 여러 날 여러 달이 지나도 누렇거나 붉게 변하지 않기에 사람들이 쉬 알아채지 못한다. 인간이란 세상에 부대끼면 간절한 마음으로 멀리 떠나려 하고, 재산이 넉넉하면 원림의 경관을 화려하게 만들고 싶어한다. 또 하늘에 치솟고 골짜기에 누운 소나무의 자태를 집에 가져와 세월을 두고 구경하고자 하는데, 세상의 심리를 알아차린 상인은 그것을 이용해 이익을 얻으려 했다. 아! 참으로 교활하다. 그러나 여러 차례 아궁이에 처박고서도 열심히 다시 찾는 자들은 어찌 그리

도속은 줄을 깨닫지 못하는 걸까?

오늘날 인재를 쓸 때 '행동을 보고 조짐을 알아차리지' 못하고서 겉모습만 노성한 것을 취하여 얼마 써보지도 못하고 일에 실패하고 만다. 나는 마침내 이들이 소나무 분재를 파는 상인에게 몰래 비웃음을 살까 두렵다. 그래서 이 사연을 기록한다.●

곧 죽을 소나무 분재를 고아하게 꾸며 20냥이나 30냥이라는 거금을 받고 부자들에게 파는 사기꾼의 이야기이다. 분재를 즐기는 문화가 부유층에서 널리 퍼졌기에 일어날 수 있는 일이다. 이렇게 화훼를 분재로 만들어 감상하는 실태는 이옥의 『백운필(白雲筆)』에도 등장한다. 여기 등장하는 노인은 매화 분재를 지극히 사랑하는데 조팔룡의 경우와 비슷하다. 그 전문을 소개한다.

무인 한 사람이 있었는데 당시 정승과 막 연줄을 대기는 했으나 갖은 힘을 다 쏟아도 총애를 받을 수가 없었다. 때마침 정승이 매화를 찾는지라 제 집에 매화가 있어 바로 가져올 수 있노라고 즉시 답했다. 드디어

● 조수삼, 『추재집(秋齋集)』 권8, 「매분송자설(賣盆松者說)」, 보진재(寶晉齋) 간본, 1939. "有賣盆松者, 虯枝老幹, 磊砢擁腫. 蓋偃而承亞, 甲赤而鱗蒼, 艾納點綴, 封殖塊圠, 望之可知爲百十年物也. 纍纍然列于階庭, 曰二十金, 曰三十金. 豪富之家, 競售之不惜, 而不過時月, 蘗已薪之, 乃復摻金而踵其門. 盖松樹木也. 雖槁能耐久, 故非累日月而黃而赤, 人未易驗也. 若人者見人情汩於世則切遐矯之想; 饒於貲則侈園囿之觀, 而屈致干霄臥壑之姿, 以供其時月之玩, 從而射其利, 喟亦狡矣! 至於薪之屢而求之勤, 則何乃迷不悟之甚哉? 余於是懼今世用人者, 不能視履考祥而貌取老成, 用未幾時, 償乎事, 而爲賣盆松者之竊笑也. 遂作是說."

밖으로 나와 온 성중을 다 쏘다녔으나 살 만한 것이 없었다. 저녁 무렵 도성 서쪽의 외진 골목에 사는 이 아무개란 노인네가 매화를 기른다는 말을 들었다. 집을 찾아가 문을 두드리고 매화에 지독한 고질병이 있다고 한껏 말하면서 구경하게 해달라고 졸랐다. 늙은이가 장지문을 열자 매화 분재 두 개가 나타났는데 모두 희귀한 품종이었다. 그중 하나를 달라고 하자 늙은이는 한참 뚫어지게 쳐다보다가 "잘 가져가시오. 허나 그대가 어찌 매화를 보려는 사람이겠는가"라고 말하고 종 둘을 시켜 수레에 올려 큰길까지 그것을 운반하게 했다. 그러고는 "꽃이 간 곳을 내게 알리지 마시오. 알면 그리울 테니!"라고 당부하였다. 정승이 욕심을 내면, 맑은 취미를 지닌 사람도 화훼를 지키지 못할 뿐 아니라 담을 넘어 꽃을 훔치는 자까지 생긴다.●

● 이옥(李鈺), 『백운필(白雲筆)』, 연세대 소장 사본. "有一武人新結時宰, 竭其力無以媒寵. 適宰問梅, 卽自言家有梅, 可卽致. 遂出而訪之遍城中, 無可貨者. 至夕聞西城僻巷, 有姓李者, 老而畜梅. 往叩之, 盛言有苦癖於梅, 請玩之. 旣開閣, 有二盆, 皆稀品也. 請其一, 老者熟視良久曰: '善持去! 子豈觀梅花者也乎?' 使二奴輩運於街曰: '不可使我知其之. 知則有戀.' 宰相之所欲, 淸閑者亦不得保其花卉矣, 亦有踰墻之偸花者矣."

24화
형수를 모신 약 캐는 늙은이
採藥翁

採藥翁, 南姓, 東峽人也. 流寓京城, 而採藥艼茸, 養其老嫂. 以其早失父母, 乳養於嫂也. 嫂死, 心喪三年. 每祭日, 必大供具, 哭甚哀. 且必用鱧魚卵, 盖其嫂所嗜也.

秋來採藥萬山中, 鴉嘴長鋤竹背籠.

歸及年年邱嫂祭, 鱧魚卵子火齊紅.

약 캐는 늙은이는 성이 남씨(南氏)로 강원도 산골짜기 사람이다. 여기저기 떠돌다가 경성에서 살게 되었다. 약을 캐고 송이버섯 채취하는 일을 하여 늙은 형수를 봉양하였다. 부모를 일찍 여의고 형수의 젖을 먹고 자랐기 때문이다. 형수가 죽자 3년 동안 심상(心喪)을 치렀다. 제삿날이 찾아오면 반드시 제수를 잘 차려놓고 몹시 애달프게 곡을 하였다. 게다가 연어알을 제상에 꼭 올렸는데 형수가 즐겨 먹은 음식이었기 때문이다.

가을 되면 첩첩산중에서
약을 캐는 늙은이
까마귀 부리 같은 호미 들고
대광주리를 등에 졌네.

해마다 큰 형수의
제삿날이 찾아오면
화제(火齊)•처럼 붉고 붉은
연어알을 올린다네.

남씨는 특별한 재능을 보였거나 빼어난 행적을 보인 인물이 아니다. 특이한 점이라면, 부모가 아닌 형수를 정성껏 봉양하고 형수가 죽은 뒤 제사를 잘 지내는 것이다. 그런 행동에는 남씨의 가슴 아픈 과거가 숨어 있다. 어려서 부모를 잃은 시동생을 형수가 젖을 먹여 키웠다. 그 젖을 먹고 큰 남씨에게 형수는 낳아준 부모보다 더 큰 은혜를 베푼 셈이다. 길러준 은혜를 갚기 위해서라고 설명하는 것이 어색할 만큼 애틋하게 형수를 모시는 남씨를 바라보는 당시 사람들의 뭉클한 심경이 짧은 이야기에 잘 배어 나온다.

• 화제주(火齊珠)로서 보석의 일종이다. 청색, 홍색, 황색 따위의 빛깔이 있다.

25화
거문고 악사 김성기
金琴師

琴師金聲器, 學琴於王世基. 每遇新聲, 王輒秘不傳授, 聲器夜夜來附王家窓後, 竊聽. 明朝能傳寫不錯. 王固疑之, 乃夜彈琴, 曲未半, 瞥然拓窓, 聲器驚墮於地, 王乃大奇之, 盡以所著授之.
幾曲新翻捻帶中, 拓窓相見歎神工.
出魚降鶴今全授, 戒汝休關射羿弓.

거문고 악사 김성기(金聖器)는 왕세기(王世基)로부터 배웠다. 왕세기는 새 음악을 만날 때면 언제나 비밀에 부쳐두고 전수하려 하지 않았다. 김성기는 밤이면 밤마다 왕세기 집으로 가서 창 뒤에 바짝 붙어 몰래 음악을 훔쳐 듣고는, 다음 날 아침이면 하나도 틀림없이 그대로 연주하였다. 실로 의아하게 생각한 왕세기가 어느 날 밤 거문고 연주를 하다 미처 절반도 끝내지 않았을 즈음 냅다 창문을 열어젖혔다. 김성기는 깜짝 놀라서 땅바닥에 거꾸러졌다. 왕세기는 그제야 김성기를 몹시 기이한 사람으로 여겨 자기

가 지은 악보를 모조리 전수하였다.

새 노래 몇 곡을
태연하게 연주하다
창문을 열어젖혀 눈이 마주치고선
뛰어난 재능에 탄복했네.

"물고기가 솟아오르고 학이 내려앉을 음악을
이제 모조리 전해주노니●
예(羿)를 쏘아 맞힌 활일랑
내게 겨누려 하지 말거라."●●

17세기 후반에서부터 영조 때까지 활동한 유명한 가객 김성기(1649~1724)를 다룬 기사이다. 그는 연주에도 뛰어나고 작곡에도 괄목할 업적을 남긴 유명한 악사였다. 대단히 유명한 음악가로서

● 춘추시대 초(楚)나라에서 금(琴)의 명인인 호파(瓠巴)가 금을 연주하면 새들이 날아와서 춤추고, 물고기가 솟아올라 뛰었다고 한다. 『열자(列子)』「탕문(湯問)」편에 나온다.
●● 방몽(逄蒙)은 예(羿)에게 활 쏘는 법을 배웠다. 예의 기술을 다 전수받고 나서 천하에는 오직 예의 솜씨가 저보다 낫다고 생각한 방몽은 스승인 예를 죽였다. 『맹자(孟子)』「이루하(離婁下)」에 나오는 내용이다. 스승인 자신을 배반할 생각을 하지 말라는 당부를 담고 있다.

수많은 사람이 인간 김성기와 그의 음악을 묘사한 전기를 남겼다. 김창업(金昌業)은 여러 편의 한시를 지어 그의 삶을 기렸고, 정래교(鄭來僑), 남유용(南有容), 성해응(成海應), 유재건(劉在建) 등은 그의 전기를 지었다. 이영유(李英裕)의 「기악공김성기사(記樂工金聖基事)」(『운소만고(雲巢謾稿)』)와 신익(申瀷)의 「증이현정서(贈李顯靖序)」(『소심유고(素心遺稿)』)에도 그에 관한 중요한 정보가 담겨 있다. 이규상(李奎象)의 『병세재언록(幷世才彦錄)』을 비롯한 많은 필기에도 그를 묘사한 기록이 다수 실려 있다.

그의 독특한 음악가 생활을 역자는 『벽광나치오』에서 자세히 묘사했고, 장유승 선생은 임상정(林象鼎)의 문집 『자오록(自娛錄)』에 실린 것을 비롯한 새 자료를 토대로 김성기의 삶을 분석한 글을 『문헌과 해석』 39집에 실었다. 『추재기이』의 기사는 김성기의 음악 생활을 거의 다루지 않고 그가 음악을 전수받은 장면에만 초점을 맞추었다. 그만큼 악사로서 김성기의 삶이 많은 사람에게 알려졌기 때문에 이 대목만을 부각시켜 서술했다.

26화
효자 등짐장수
負販孝子

孝子姓安, 母老家貧, 以傭賃負販爲資, 而多力且能, 故日可得錢百餘. 歸供甘旨, 必過於富人. 夜, 扶將調護, 怡色愉聲, 克順其志. 見者感歎, 然猶自恐不盡子職也.

童年云是讀書人, 鄙事多能爲養親.

負販歸來躬視膳, 何嘗一日坐家貧.

효자의 성은 안씨(安氏)이다. 어머니는 늙고 집은 가난하여 머슴살이와 등짐장사를 하여 생활을 꾸려나갔다. 힘이 세고 재간이 많아서 하루에 얼추 100여 전(錢)을 벌었다. 집에 돌아가서 어머니께 맛있는 음식을 지어드리되 꼭 부자들보다 더 낫게 하였다.

밤이면 어머니를 부축하고 보살폈는데, 즐거운 마음으로 상냥하게 말하였으며 노모의 뜻에 잘 순종하였다. 보는 이들이 그에게 감탄하였으나 정작 본인은 여전히 아들 노릇을 제대로 못한다며 걱정하였다.

아직 어린 나이로서
독서하는 선비이건만
천한 일에 재간이 많아
어버이를 봉양하네.

등짐 지고 장사한 뒤
직접 밥을 차려 드리며
집안이 가난하다고
하루도 핑계댄 적 없네.

조선은 효자들의 기이한 사연이 유난히 많은 사회이다. 나라에 충성하고 부모에 효도하는 것은 조선 사회를 지탱하는 이념이었다. 그래서 이루 헤아릴 수 없을 만큼 많은 효자들의 사연이 전해 온다. 그 가운데 안씨는 머슴살이와 등짐장사 같은 평범하고도 보잘것없는 일을 하는 처지이지만, 형편이 좋은 사람보다 더 정성껏 어머니를 모셨다. 그러면서도 자신이 효도를 제대로 못 한다고 겸손해했다. 양반 사회보다는 평범하고도 힘겹게 살아가는 사람들에게서 진정 인간다운 모습을 찾아내는 것, 그것이 조수삼의 시선이었다.

27화
영조의 상여를 든 장사
姜轝士

丙申六月初十日, 英宗大王外梓宮奉于元陵, 行至忘憂峴下泥塗, 爲夜雨淖沒而未覺察也. 大轝西北角轝士四五十人, 顚倒墊入過腰, 幾阽于危. 隊外士有姜姓人, 長九尺餘, 奮身跳入, 兩手高擎, 屹立移時. 於是乎大轝轉危而復安. 旣出, 姜姓手擎屹立, 不能動作, 盖氣塞死, 猶不倒也. 吁! 若轝士者, 可爲精忠烈士也.

夜雨泥深大道傍, 仙輀危阽下平岡.

奮身八尺姜轝士, 隻手擎天死不僵.

병신(丙申, 1776)년 6월 초열흘에 영조대왕의 외재궁(外梓宮)•을 원릉(元陵)••에 모셨다. 행차가 망우리 고개 아래 진흙길에 이르

• 왕과 왕후의 국장에 쓰는 외곽을 가리키는 특수한 용어.
•• 경기도 구리시 인창동 동구릉 내에 있는 영조와 영조의 계비 정순왕후의 왕릉이다.

렀을 때 밤에 내린 비로 온통 진창인 것을 미처 살피지 못했다. 큰 상여의 서북쪽 모서리를 받들던 상여꾼 40~50명이 거꾸러져 진흙탕에 허리까지 빠지는 바람에 (상여가 빠질) 위기에 닥쳤다. 그때 행렬 밖에 강씨(姜氏) 성을 가진 남자가 있었는데 키가 구 척이 넘었다. 몸을 떨쳐 뛰어 들어와 양손으로 상여를 높이 떠받치고서 우뚝 선 채 한참을 버텼다. 그렇게 해서 큰 상여가 위기에서 벗어나 다시 균형을 찾았다.

상여가 그 자리를 벗어난 뒤 강씨는 손을 치켜든 채 우뚝 서서 움직이지를 못했다. 기진맥진하여 죽었음에도 불구하고 기어코 쓰러지지 않은 것이다. 아! 저 강씨 상여꾼은 충성심으로 똘똘 뭉친 열사(烈士)라고 해야 어울린다.

큰길 옆은 밤비에
진창길로 변했는데
임금님 상여는 위험하게
산등성이를 내려갔네.

몸을 떨쳐 일어난
구 척 장신 상여꾼 강씨는
한 손으로 하늘을 떠받치며
죽어도 쓰러지지 않았네.

1776년 3월 5일 영조가 붕어하였다. 인산(因山) 날짜가 이해 6월 초로 정해졌으나 장마철이라 계속 폭우가 내리자 다음 달 26일로 연기되어 인산이 거행되었다. 원릉은 구리에 있어서 망우리 길을 택해서 운구하였다. 이때도 비가 자주 와서 땅이 질척거렸다. 『승정원일기』 7월 26일자 기사에 따르면, 정조가 유언호(兪彦鎬)에게 길이 진창이냐고 묻자 유언호가 심하게 진창길이 되었다고 보고하였다. 이어서 정조가 "연사(輦士)와 군병(軍兵) 가운데 부상당하거나 병든 자가 없느냐?"고 묻자 유언호는 "하나도 부상당하거나 병들지 않았습니다"라고 대답한 대목이 나온다. 조수삼이 기록한 강씨 성을 가진 연사는 전혀 언급되지 않았다.

그가 정식 연사가 아니었고, 다른 문제가 있어서 굳이 보고하지 않았을지도 모른다. 강씨는 국장 행렬을 지켜보던 일반 백성일 뿐인데도 임금의 상여가 쓰러지는 것을 보고 목숨을 바쳐 구해냈다. 관료는 그의 행동을 못 본 체했으나 민중들은 그의 행위를 높이 평가하여 오랫동안 기억하였다. 조수삼은 민중 편에서 묻혀버린 행적을 이렇게 드러냈다.

28장
인기 있는 서당 훈장 정학수
鄭先生

泮宮之東, 卽宋洞. 洞中花木甚多, 講堂翼然, 卽鄭先生教授處也. 晨夕鳴磬, 聚散學子, 多有成就者, 泮中人稱曰鄭先生.
講堂花木一蹊成, 斯夕斯晨趁磬聲.
教育四隣佳子弟, 裒衣博帶鄭先生.

성균관 동쪽은 송동(宋洞)•이다. 이 동네에는 꽃과 나무가 매우 많은데 그 가운데 강당(講堂)이 드높게 서 있다. 여기가 바로 정 선생이 제자들을 가르치는 곳이다. 아침저녁으로 경쇠를 울려서 공부하는 학생들을 불러 모으고 흩어지게 하였다. 그의 문하에서 학업을 성취한 자가 많았는데 반촌(泮村)•• 사람들이 그를 정 선생이라고 칭송하였다.

• 현재의 명륜동 일대로 과거의 성균관 동북쪽 지역이다. 본래부터 송동이라 불렸으나 우암(尤庵) 송시열(宋時烈)이 거주한 이후로 우암이 살았기에 송동으로 불린다고 와전되었다.

우암 송시열의 집터 바위에는 지금도 우암이 쓴 '증주벽립(曾朱壁立)' 네 글자가 새겨져 있다. 현재 서울시 종로구 명륜동 올림픽기념생활관 옆에 있다. 서울시 유형문화재 제57호.

꽃과 나무 아래
강당으로 가는 길이 나 있거니
저녁 되고 아침 되면
경쇠 소리 들으며 학생들 오가네.

사방의 훌륭한 인재를
교육하는 분은 누구인가?
품이 넓은 두루마기에 큰 띠 두른
정 선생이라네.

정 선생은 곧 정학수(鄭學洙)이다. 정조 시대에 사설 서당을 열어 원하는 이들에게 교육을 베푼 저명한 교육자이다. 반촌의 명

●● 성균관 주변 지역을 가리키는 말로 한성부 동부(東部) 숭교방(崇敎坊)에 속해 있었다. 현재의 종로구 명륜동이다.

가인 순흥(順興) 정씨 후손으로 저명한 반인(泮人)인 정신국(鄭信國)의 형 정예국의 후손이다. 또 저명한 교육자인 안광수(安光洙)의 수제자이다. '증주벽립' 아래에 산다고 하여 호를 벽하(壁下)라 하였다. 본래 성균관 수복(守僕)으로 일했는데 후에 송동에 서당을 개설하여 훈장으로 명성을 날렸다. 그의 행적을 묘사한 전기(傳記)를 따로 지은 이는 없으나 신광수, 심로숭, 윤기, 서명인, 김려, 홍직필 등의 사대부가 그의 행적이나 그와 교유한 내용을 적은 글이 남아 있다. 교육자로서 그의 행적은 정조 임금까지도 알 만큼 유명하였다. 정학수가 서당을 개설한 곳은 종로구 명륜동 올림픽기념생활관 옆으로, 그가 죽은 뒤에는 우암의 후손이 그 집을 매입하여 보존하기도 했다.

29화
골동품에 미친 늙은이
古董老子

漢城孫老, 本富翁也. 性好古董而無藻識, 人多售贋品, 騙重直, 以故家竟懸磬, 翁猶不覺見欺. 獨坐一室, 磨古墨於端硯嗅之, 瀹佳茗於漢瓷啜之曰: "此足以遣飢寒." 隣人有饋早饍者, 輒麾去之曰: "我不受衆人惠也."

解下綿裘換古瓷, 焚香啜茗禦寒飢.
茅廬夜雪埋三尺, 摽遣鄰家饗早炊.

    한성의 손(孫) 노인은 원래는 부자였다. 성품이 골동품을 좋아하였으나 감정할 안목은 없어서, 가짜 물건을 가져다주고 비싼 값을 받아 챙기며 속이는 사람들이 많았다. 그런 이유로 결국 집안이 거덜 나고 말았다. 그렇지만 손 노인은 여전히 속았다는 사실을 눈치 채지 못했다. 홀로 방 안에 앉아서 단계연(端溪硯)●에

● 중국 광둥성 가오야오현(高要縣)의 돤시(端溪)에서 나는 돌로 만든 벼루이다. 최

오래된 먹을 갈아 묵향을 맡고 한(漢)나라 시대의 자기에 품질 좋은 차를 달여 마시면서 "이렇게 하면 굶주림과 추위를 넉넉히 몰아낼 수 있다"고 하였다. 이웃 가운데 아침밥을 가져다주는 사람이 있었지만 그때마다 손사래를 치면서 "나는 중생들이 주는 것은 받지 않아"라고 하였다.

솜옷과 가죽옷을 벗어
자기로 바꾸고
향 사르고 차를 마시며
추위와 굶주림을 몰아낸다.

밤사이에 눈이 내려
초가집엔 세 자나 쌓였건만
이웃이 보내온 아침밥을
손사래 쳐 보낸다.

❀

손 노인이라는 서화골동품 수집가의 행태를 묘사한 기사이다. 양반 사대부가 아닌 시정 사람으로서 부유한 재력을 바탕으로 서화골동품과 명품을 즐겼다. 그러나 안목이 없어 가짜를 많이 샀는데 그 사실조차 모르는 위인이었다. 한양 시정 사회에 불어 닥

고의 품질을 자랑하는 벼루로 명성이 높다.

친 명품 소비 풍조와 서화골동 수집을 비롯한 취미 생활의 풍미를 이 노인이 극단적으로 보여준다.

30화
의리의 광대 이달문
李達文

達文姓李, 四十總角, 儈藥養其母. 一日達文之某氏肆, 主人出示直百金一兩數根人蔘曰: "此何如?" 達文曰: "誠佳品也." 主人適入內室, 達文背坐, 望牖外而已. 主人出曰: "達文! 人蔘何在?" 達文回顧, 無人蔘矣. 乃笑曰: "我適有願買人, 已付之矣, 從當輸直也." 明日主人將燻鼠, 見竪櫃後有紙裹, 出而審之, 則昨日人蔘也. 主人大驚, 邀達文而告之故曰: "若何不言不見人蔘, 而謾曰賣之乎?" 達文曰: "人蔘我已見而忽失之, 我若曰不知, 則主人獨不謂我盜乎?" 於是主人愧謝僕僕. 是時, 英宗大王憫民之貧不能冠婚者, 自官賜資而成其禮, 故達文始冠矣. 達文垂老落嶺南, 聚家人子貨販業其生, 每見京城人客, 泣說賜冠時盛德事云.

談笑還金直不疑, 富翁明日拜貧兒.

天南坐對京華客, 泣說先王賜冠時.

달문(達文)은 성이 이가(李哥)이다. 나이가 마흔인데도 머리를 땋

아 내린 총각으로 약을 중매하여 어머니를 봉양하였다. 하루는 달문이 아무개네 약방에 갔다. 주인이 값이 100금(金)이고 무게는 1량(兩)이 나가는 인삼 몇 뿌리를 내어 보이며 "이 물건 어떤가?"라고 물었다. 달문은 "정말 품질이 좋군요"라고 대꾸했다. 마침 주인이 내실로 들어가자 달문은 등을 돌리고 앉아 문밖을 내다보고 있었다. 이윽고 주인이 나와 물었다.

"달문이! 인삼은 어디 있는가?"

달문이 고개를 돌려보니 인삼이 사라지고 없었다. 그러자 웃으며 "때마침 사고 싶어하는 사람이 나타나 제가 벌써 넘겼습니다. 이제 바로 값을 보내드리겠습니다"라고 바로 대답했다.

이튿날 주인이 쥐구멍에 연기를 뿜어 쥐를 잡으려다 세워놓은 약궤 뒤에서 종이로 싼 물건을 발견하였다. 꺼내 살펴보니 바로 어제 그 인삼이었다. 주인이 깜짝 놀라 달문을 불러 사실을 말하고 "자네는 어째서 인삼을 못 보았다고 말하지 않고 팔았다고 거짓말을 했는가?"라고 캐물었다. 달문이 "인삼은 제가 벌써 봤는데 갑자기 잃어버렸으니, 제가 모르는 일이라고 말씀드린들 주인께서 저를 도둑놈으로 치지 않을 도리가 있겠습니까?"라고 대꾸하였다. 그 말을 듣고서 주인은 부끄러워하며 꾸벅꾸벅 머리를 조아려 미안하다고 했다.

당시 영조대왕께서 가난하여 관례(冠禮)나 혼례를 올리지 못하는 백성을 불쌍히 여기셔서 관아에서 비용을 대주어 예를 치르도록 조치하셨다. 그래서 달문도 비로소 관례를 올릴 수 있었다. 달문은 늘그막에 영남 지방으로 내려가 사람들을 불러 모아 장사를

시키며 생계를 꾸렸다. 서울 손님을 보기만 하면 눈물을 흘리며
관례를 치르게 해주신 융숭한 은덕을 말하곤 했다.

웃으면서 값을 치러주어
직불의(直不疑)●처럼 행동하니
부자는 다음 날
가난뱅이에게 사죄했지.

영남에서 한양 나그네를
만나기만 하면
관례를 올려주신 선왕 때의 일을
울면서 말했다네.

● 전한(前漢) 시대의 관료로서 달문과 비슷한 행동을 한 인물이다. 『한서(漢書)』 권 46에 그의 전기가 실려 있다. "직불의는 남양현(南陽縣) 사람이다. 낭관이 되어 효문제를 모셨다. 같은 방을 쓰는 낭관이 귀향할 때 실수로 다른 낭관의 황금을 가져갔다. 이윽고 그 낭관이 황금이 없어진 것을 알아차리고 직불의를 의심하였다. 직불의는 (아무 변명도 하지 않고) 자기가 그 황금을 가져갔노라고 사죄하고서 황금을 사서 물어주었다. 그 뒤 귀향했던 낭관이 돌아와 황금을 돌려주자 황금을 잃어버렸던 낭관은 몹시 부끄러워하였다. 이 일이 있고 나서 직불의는 훌륭한 사람으로 칭송받았다." 비슷한 사연이 『사기(史記)』 권103 「만석장숙열전(萬石張叔列傳)」에도 나온다. 홍신유(洪愼猷)는 달문의 생애를 묘사한 장편시 「달문가(達文歌)」에서 이 사연을 소개한 다음 "전한 시대의 직불의가 천 년 뒤에 조선에서 태어났네. 신의는 평소에 쌓아둔 것이라 남을 속이지 않았네(西京直不疑, 千秋生朝鮮. 信義是素蓄, 向人不欺謾)"라고 하여 조수삼과 똑같이 달문을 직불의에 비교했다(『백화자(白華子)』 2권).

달문(1707~)은 영조 연간에 한양뿐만 아니라 전국적으로 큰 명성을 누린 대중 스타였다. 그의 이름은 광문(廣文)으로 전해지기도 한다. 달문은 다양한 캐릭터를 가진 인물로서 거지, 광대, 사치품 거간꾼, 조방꾼, 재담꾼, 방랑자로 다양하게 변신한 인물이다. 다방면에 걸쳐 자신만의 끼를 발산하였다. 달문의 수많은 모습 가운데 조수삼은 의리의 화신이라는 측면에 초점을 맞추었다.

달문은 천하에 못생긴 남자로서 평생 독신으로 살면서 만년에는 역모사건에 연루되어 귀양까지 갔을 정도로 파란만장한 인생을 살았다. 그가 결혼했다고 한 조수삼의 증언은 실상과 어긋난다. 아무래도 달문의 전성기로부터 오랜 세월이 흐른 뒤에 기록했기 때문에 착오가 있었던 듯하다. 달문의 인기가 너무 치솟아 그를 둘러싼 이야기가 한 시대를 풍미했다. 사진실의 「광막한 천지에 부는 바람 같은 사내, 광대 달문」(서대석 엮음, 『우리 고전 캐릭터의 모든 것 1』, 휴머니스트, 2008, 164~183쪽)과 차충환의 「상하 경향을 아우른 휴머니즘과 자유인의 형상, 달문」(김진영 외, 『조선 후기 소수자의 삶과 형상』, 보고사, 2007, 128~154쪽)에도 달문의 행적이 밝혀져 있다. 최근에 역자가 발굴하여 출간한 이재운의 『해동화식전(海東貨殖傳)』에는 자갈쇠(奢葛衰)라는 이름으로 달문의 일화를 묘사하였다. 조수삼이 묘사한 달문의 일화와 매우 유사하다. 김탁환의 소설 『이토록 고고한 연예』는 달문을 주인공으로 하고 있다.

31화
이야기책 읽어주는 사람 전기수
傳奇叟

　叟居東門外, 口誦諺課稗說, 如淑香・蘇大成・沈淸・薛仁貴 等傳奇也. 月初一日坐第一橋下, 二日坐第二橋下, 三日坐梨峴, 四日坐校洞口, 五日坐大寺洞口, 六日坐鍾樓前. 溯上旣, 自七日 沿而下, 下而上, 上而又下, 終其月也. 改月亦如之, 而以善讀, 故 傍觀匝圍. 夫至最喫緊甚可聽之句節, 忽默而無聲, 人欲聽其下 回, 爭以錢投之曰: "此乃邀錢法!"云.
　兒女傷心涕自霏, 英雄勝敗劒難分.
　言多默少邀錢法, 妙在人情最急聞.

　이야기책을 읽어주는 노인은 동대문 밖에 산다. 언문으로 쓴 이 야기책을 입으로 줄줄 외우는데 『숙향전』, 『소대성전』, 『심청 전』, 『설인귀전』 따위의 전기소설(傳奇小說)들이다. 매달 초하루 에는 청계천 제일교(第一橋) 아래서, 초이틀에는 제이교(第二橋) 아 래서, 초사흘에는 이현(梨峴)에서, 초나흘에는 교동(校洞) 입구에

전기수가 소설을 읽었던 곳들. 이는 당시 한양에서 가장 번화한 거리였다.
위 지도는 1861년 김정호가 목판으로 만든 「한성도」의 일부. 성신여대 박물관 소장.

서, 초닷새에는 대사동(大寺洞) 입구에서, 초엿새에는 종루(鐘樓) 앞에 앉아서 읽었다. 그렇게 거슬러 올라가기를 마치면 초이레부터는 거꾸로 내려온다. 아래로 내려갔다가 올라가고, 올라갔다가 또 내려오면 한 달이 지난다. 달이 바뀌면 또 전과 같이 한다.

  노인이 전기소설을 잘 읽었기 때문에 구경하는 사람들이 몰려들어 그 주변을 빙 둘러 에워쌌다. 소설을 읽어가다 몹시 들을 만한, 가장 긴장되고 중요한 대목에 이르면 노인은 갑자기 입을 다물고 아무 말도 하지 않는다. 그러면 사람들이 다음 대목을 듣고 싶어서 앞다투어 돈을 던지면서 "이야말로 돈을 달라고 하는 방법이야!"라고 했다.

  아녀자들이 마음 아파
  눈물 절로 떨구나니
  영웅의 승패를
  검으로만 가르기 어렵다!●

  말을 많이 하다가 잠깐 침묵하는

● 소식(蘇軾)의 『동파지림(東坡志林)』에서 왕팽(王彭)이 말해준 이야기를 인용한 내용이다. 그 내용은 다음과 같다. "골목에 사는 어린아이들은 무지하여 그 집안에서 싫증을 내면 곧잘 돈을 주어 끼리끼리 모여앉아 옛이야기를 듣게 했다. 삼국시대의 이야기를 듣다가 유현덕(劉玄德)이 패하는 장면을 들으면 이맛살을 찌푸리면서 눈물을 흘리고, 조조(曹操)가 패하는 장면을 들으면 바로 좋아서 쾌재를 부른다. 이를 통해 군자와 소인의 혜택은 백 대가 지나도 없어지지 않음을 알 수 있다."

돈을 던지게 하는 방법이 있나니
사람들이 가장 듣고 싶어하는 대목에서
멈추는 것이 오묘한 비법이라네.

❦

   한양의 번화한 거리에서 소설책을 읽어주는 전문 직업인 전기수(傳奇叟)의 독특한 행적을 묘사하였다. 18세기와 19세기에는 전기수처럼 소설책을 인물과 장면, 분위기에 어울리게 가락을 넣고 목소리를 다양하게 구사하여 읽어주는 전문 직업인이 있었다. 전기수를 독사인(讀史人)이라고도 불렀다. 그들은 한양 같은 대도회의 사람이 많이 모이는 곳에서 소설을 구연하여 생활을 꾸렸다. 소설 구연과 전기수의 존재는 소설 발달에 크게 기여한 조선 후기의 독특한 문화 현상이었다. 전기수와 같은 직업인이 다른 기록에도 제법 많이 등장한다. 조수삼이 묘사한 전기수는 마치 장대(張岱)와 오위업(吳偉業)이 묘사한 명대 말엽의 유명한 이야기책 구연자인 설서가(說書家) 유경정(柳敬亭)과 흡사하다.

32화
중랑천 낚시꾼
中泠釣叟

釣叟, 日釣於中泠浦, 獲魚之小者, 輒放之, 獲大者, 卽持與隣人之有親而貧無養者. 人或問曰: "君自不食, 釣魚何爲?" 則朗吟曰: "此翁取適非取魚!"

日向磯頭下釣綸, 銀鱗細瑣放靑蘋.

今來偶得魚盈尺, 旋與鄰家餉老親.

낚시하는 노인네는 날마다 중령포(中泠浦)●에 나와 낚시를 하였다. 작은 물고기를 잡으면 바로 놓아주고, 큰 물고기를 잡으면 가난하여 부모를 봉양하기 힘들어하는 이웃에게 주었다. 간혹 사람들이 그에게 "당신 자신이 먹지 않으면서 무엇하러 물고기를 낚

● 현재의 서울 중랑천으로 조선시대에는 중령포, 중량포(中梁浦), 중냉포(中泠浦) 등으로 불렸다. 정조 때에는 여기에 행정구역으로 인창방(仁昌坊) 소속의 중랑포계(中浪浦契)가 설치되었다.

는 거요?"라고 묻곤 했다. 그때마다 그는 낭랑하게 다음 시구를 읊었다.

"이 늙은이는 한가로움을 얻을 뿐 물고기를 얻지 않는다네."•

날마다 낚시터에 앉아
낚싯줄을 드리우고
작고 작은 은빛 물고기는
푸른 마름풀 사이로 놓아주지.

오늘따라 용케 잡은
한 자 넘는 물고기는
그 즉시 이웃집에 주어
늙은 부모님 잡숫게 하네.

❦

서울의 중랑천에서 고기를 잡는 특이한 낚시꾼의 사연이다. 낚시를 하되 작은 물고기는 그냥 놓아주고 큰 물고기만 잡았다. 물고기를 잡아도 자신이 먹지 않고 부모를 모시는 가난한 이웃에게

• 당(唐)나라의 저명한 시인인 잠참(岑參)의 시구이다. 그의 유명한 시「어부」의 마지막에는 "세상 사람들이 어떻게 나의 깊은 뜻을 알리오? 이 늙은이는 한가로움을 얻을 뿐 물고기를 얻지 않는다네(世人那得識深意, 此翁取適非取魚)"라고 읊었다. 물고기를 낚기 위해서가 아니라 여유롭고 한가한 인생을 누리기 위해 낚시를 한다는 낚시꾼의 심경을 잘 묘파한 시구이다.

무상으로 주었다. 누가 봐도 이상한 행동을 하는 기인이다. 취미로 낚시를 해서 어렵지만 착하게 사는 주변 사람에게 베풀었다. 그의 행위는 일종의 사회사업이다. 조수삼은 특이한 행위를 한 사람이라고 해서 모두 기록하지는 않았다. 비록 사소한 행동이더라도 세상의 따뜻함을 느끼게 하는 사람을 기록하였다.

33화
원수를 갚은 희천(熙川)의 며느리
報讎媳婦

婦, 熙川農家也. 歸夫家五歲, 夫死, 有二歲遺腹子. 其舅爲鄰人刺殺, 婦不告官, 斂而葬之, 歲再周而無一言. 殺其舅者, 意謂寡婦孤兒, 畏渠而不讎之. 婦則夜夜潛磨霜刃, 作勢揮刺, 未嘗廢也. 及其舅祥日, 適邑中大集也. 婦奮身潛出, 刺讎人於市上, 刳其腹, 出其肝, 歸奠其舅訖, 乃呼里人往首於官. 官讞曰: "婦, 孝也, 義也, 烈也! 傳生焉."

三年無夜不磨刀, 作勢秋鷹快脫絛.

斷頸咋肝今報舅, 自呼鄕里首官曹.

아낙은 희천(熙川)*의 농가 사람으로, 시집온 지 5년 만에 남편이 죽고 두 살 난 유복자를 키웠다. 시아버지가 이웃 사람의 칼에 찔려 죽임을 당했으나, 아낙은 관가에 알리지 않고 시체를 거두

• 지금의 평안북도 희천군이다.

어 장사지냈다.

  해가 두 번 돌아오도록 한마디 말이 없자 시아버지를 죽인 자는 속으로 과부와 고아가 자기를 두려워하여 원수를 갚지 않는다고 생각하였다. 그러나 아낙은 밤마다 아무도 몰래 서릿발같이 칼을 갈고 휘둘러 찌르는 연습을 그만둔 적이 없었다.

  시아버지의 대상(大祥) 날에 이르러, 마침 읍내에 큰 장이 섰다. 아낙은 몸을 떨쳐 몰래 나아가, 저자에서 그 이웃을 찔러 원수를 갚았다. 원수의 배에 칼을 꽂고 간을 꺼내서 집에 돌아와 시아버지 제상에 올렸다. 그리고 마을 사람들을 불러 관에 가서 고발하라고 하였다. 관에서는 "부인은 효부(孝婦)요, 의부(義婦)요, 열부(烈婦)이니 감형하여 살려둔다"고 판결하였다.

  3년 동안 밤이면 밤마다
  칼을 쓱쓱 갈고서
  가을 송골매가 쏜살같이 깍지를 벗어나
  먹이를 잡는 자세를 익혔지.

  도적의 목을 자르고 간을 씹어
  이제야 시아버지 원수를 갚았으니
  마을 사람들에게 밝히고
  관아에 자수하러 가네.

시아버지의 원수를 갚은 평민 여성의 사연이다. 기댈 곳 없는 약자인 한 여성이 시아버지를 죽인 남자에게 원수를 갚기 위해 그 뜻을 깊이 감추어 살인자를 안심시켜놓고 이태 만에 잔혹하게 살해하였다. 이렇게 나약한 여성이 시부모 또는 남편의 원수를 처치하는 방식은 열불열설화(烈不烈說話)에 자주 등장한다. 이태 동안 원수 갚을 뜻을 보이지 않은 불효를 했으나 뒷날 마침내 원수를 갚음으로써 평범한 사람이 하기 어려운 큰 효도를 했다. 부모와 남편의 원수를 갚은 여성의 행위는 보통 이처럼 상대를 잔혹하게 죽이고 시체를 훼손하는 잔인성을 보인다. 당시에는 이런 행위를 오히려 긍정하고 표창했다. 조선왕조의 가장 큰 이데올로기인 효도 앞에서는 용인된 행위였다. 관아에서 이 여성을 처벌하기는커녕 효부에 의부에 열부라고 높이 평가한 이유도 여기에 있다.

34화
거지와 원숭이
弄猴丐子

丐子弄猴, 乞於市, 愛猴深, 未嘗一擧鞭. 暮歸, 駄于肩, 雖憊甚, 不改也. 丐病且死, 猴泣涕, 不離側. 飢死, 將火葬, 猴見人, 泣拜乞錢, 人多憐之. 及薪火方熾, 丐屍半化, 猴長慟一聲, 遂赴火死之.
當場了不見皮鞭, 罷戲歸巢任在肩.
報主自拚身殉志, 逢人泣乞葬需錢.

거지는 시장에서 원숭이 재주를 보여주고 구걸하였다. 그는 원숭이를 몹시도 사랑해서 한 번도 채찍을 든 적이 없었다. 저녁에 집으로 돌아갈 때면 어깨에 원숭이를 올려놓고 갔다. 아무리 지쳤더라도 반드시 그렇게 했다.

거지가 병들어 죽게 되자 원숭이는 울면서 잠시도 곁을 떠나지 않았다. 거지는 결국 굶어 죽었고 시신을 화장하였다. 원숭이는 사람들을 보고 울면서 절하여 돈을 구걸했다. 불쌍하게 여긴 사람들이 많았다. 나무가 한창 맹렬하게 타올라 거지의 시체가 거의 탔을 때 원숭이는 구슬픈 외마디 소리를 내지르고서 불에 뛰어들어 숨을 거두었다.

무대에 올라서는
가죽 채찍 한 번 휘두르지 않았고
재주 부리기 끝나 집으로 돌아올 땐
어깨에 올려놓았지.

주인에게 보답하려
몸을 던져 따라 죽을 셈이면서도
사람 향해 울면서
장례 치를 비용을 구걸했구나.

인간과 동물의 애틋한 사랑을 다룬 이야기이다. 거지는 원숭이를 학대하기는커녕 아껴주었다. 그런 주인이 죽자 원숭이는 주인의 장사를 치르고 결국에는 따라 죽었다. 은혜와 사랑에 보답하는 정이 사람보다 낫다. 그 사연이 사람들에게 감동을 주어 널리 알려졌을 것이다.

본래 우리나라에는 원숭이가 없었으나 조선 후기에는 중국에서 들여온 원숭이로 공연하면서 돈을 버는 이들이 있었다. 이들은 대체로 유랑공연단의 일원이거나 거지들이었다. 이렇게 원숭이를 무대에 올려 공연하는 것은 중국에서 유행하여 사신으로 간 사람들의 입을 통해 널리 전해졌다. 이해응(李海應)의 연행록 『계산기정(薊山紀程)』에 실상이 자세히 그려져 있다. 이해응은 조수삼과 함께 연행한 사람이므로 조수삼도 분명 그런 체험을 했을 것이다. 게다가 박제가(朴齊家)는 한양의 풍속을 묘사한 장편시 「성시전도(城市全圖)」에서 원숭이 재주를 파는 서울 사람을 묘사하였다. 또 19세기에 그려진 「태평성시도(太平城市圖)」에도 원숭이 두 마리와 이를 조련하는 사람이 묘사되어 있다. 순조 임금이 「성시전도」를 보고 기록한 「화기(畵記)」에도 원숭이 공연이 묘사되어 있다. 여러 정황으로 볼 때 원숭이를 데리고 공연하는 것이 당시 한양의 풍물 가운데 하나였음을 잘 알 수 있다.

한편 장조(張潮)가 편찬한 『우초신지(虞初新志)』에는 송조(宋曹)의 작품 「의로운 원숭이[義猴傳]」가 실려 있다. 거지와 원숭이의 훈훈하고 감동적인 사연을 상세하게 묘사한 글로서 본 기사의 내용과 아주 흡사하므로 비교하여 읽어볼 가치가 있다.

건남(建南) 양석포(楊石袍)가 내게 이런 사연을 말해주었다. 오월(吳越) 지역에 머리털을 두 갈래로 딴 거지가 있었는데 띠풀을 엮어 집을 짓고서 남쪽 언덕배기에 살았다. 그는 원숭이 한 마리를 키웠는데 방울 굴리는 법과 꼭두각시놀이를 가르쳐 시장에서 공연하여 아침저녁 밥을 해결하였다. 그는 밥을 얻으면 원숭이와 함께 먹었다. 아무리 춥거나 덥고 비가 오더라도 원숭이와 함께 서로 의지하며 살았는데 그 모습이 마치 부자간 같았다.

그렇게 지낸 지 10여 년 만에 거지는 늙고 병들어 더 이상 원숭이를 데리고 시장을 출입하지 못했다. 원숭이는 매일 길가에 넙죽 엎드려서 먹을거리를 구걸하여 거지를 봉양하였는데 오랜 세월이 흘러도 변함이 없었다. 마침내 거지가 죽자 원숭이는 비통하게 시신을 빙빙 돌면서 그의 자식인양 펄쩍펄쩍 뛰었다. 곡을 다하고 다시 길가에 넙죽 엎드려 구슬픈 목소리로 머리를 조아리며 손을 뻗어 돈을 구걸하였다. 하루가 채 지나기 전에 몇 꿰미의 돈을 얻었다. 그 돈을 모두 줄로 꿰어서 시장에 들어가 관 가게 앞에 이르러 떠나지 않았다. 상인이 그에게 관을 주자 그래도 자리를 뜨지 않고서 짐꾼을 기다려서 그의 옷깃을 끌었다. 짐꾼이 관을 짊어지고 남쪽 언덕배기에 이르러 거지를 염습하여 장사를 치렀다.

  원숭이는 다시 길가로 나와 걸식하여 제사를 지냈다. 제사를 마치고 들판의 마른 섶나무를 두루 긁어모아 무덤 옆에 쌓고서 지난날 썼던 탈을 가져다 그 위에 놓고 태웠다. 그러더니 몇 번인가 길게 울고서는 스스로 타는 불꽃 속으로 뛰어들어 죽었다. 길을 가던 사람들이 모두들 놀라 탄식하며 그 의로움에 감동하여 의로운 원숭이의 무덤을 만들어주었다.

35화
해금 켜는 노인
嵇琴叟

記余五六歲, 見奏嵇琴乞米者, 顔髮如六十餘歲人. 每曲輒呼曰: "嵇琴阿! 汝作某曲!" 琴若答應而作. 如一翁一婆, 飽喫豆粥, 腹痛大發聲, 疾聲告: "鼯鼠入醬瓵底!" "南漢山城賊, 此處走, 彼處走!" 等意, 丁寧詳悉, 俱是警人語也. 乃余周甲歲, 叟又來余家, 乞米如當日, 想叟之年已過百餘, 異哉! 異哉!

翁婆豆粥痛河魚, 鼯鼠休敎穿醬儲.

自與阿咸相問答, 竊聽都是警人書.

내가 대여섯 살 때의 일이다. 해금을 켜면서 쌀을 구걸하는 걸인을 보았는데 얼굴과 머리칼로 보아 예순은 된 듯했다. 한 곡을 연주할 때마다 빠짐없이 "해금아! 네가 무슨 노래 좀 연주하거라!"라고 말했고, 해금은 마치 그 말에 답이라도 하듯이 소리가 울려나왔다.

할아버지와 할머니가 콩죽을 배불리 먹고 갑자기 배탈이 크게

난 장면을 묘사하기도 했고, 다급한 목소리로 "저놈의 큰 쥐가 된장 독 밑으로 들어간다!"고 냅다 소리를 지르기도 했으며, "남한산성에 도적이 쳐들어와 이리로 달아나고 저리로 달아난다"는 취지로 소리를 지르기도 했다. 아주 상세하고도 곡진하게 묘사했는데 모두가 사람을 깨우치는 말이었다.

  내가 환갑이 된 해에 노인은 또 우리 집에 찾아와 예전처럼 쌀을 구걸하였다. 노인의 나이를 따져보니 벌써 100여 세가 넘었으니 이상한 일이다. 이상한 일이야!

"늙은 부부가 콩죽을 먹고
배탈이 크게 나 끙끙 앓네."
"장독대에 놓은 물건을
큰 쥐가 뚫어서는 안 된다."

해금과 더불어
주고받는 대화는
가만히 들어보면 모두가
사람을 깨우치는 글이라네.

이른바 거지 깡깡이라고 불리는 해금을 연주하여 구걸하는 유랑 연예인을 묘사하였다. 그들의 존재가 알려져 있기는 하지만 구체적인 모습이나 공연 내용을 이만큼이라도 전하는 기록은 많지 않다. 조선 후기 유랑 예인의 모습을 생생하게 보여주는 흔치 않은 기록이다.

36화
여승과 사랑에 빠진 양반
三疊•僧歌

南參判, 名不記. 少年時見一女冠於斗瀰途中, 歸不能忘而病將
谻. 乃作長歌, 致意焉. 如••有答歌, 酬唱三疊, 長髮爲南家側室.
至今有僧歌三疊, 傳于世.
  迢迢江路獨逢君, 峽樹飛花映楚雲.
  三疊僧歌勝說法, 袈裟脫却着榴裙.

  남 참판(南參判)의 이름은 기억하지 못한다. 소년 시절에 두미협
(斗瀰峽)••• 길에서 한 여승을 보았는데 집에 돌아와서도 잊을 수

- • 疊은 작품연작을 가리킨다. 秋史도「~翌日雨中寄 九疊絶句~」가 있다.
- •• 이 글자는 '女'의 오자로 보여 그에 맞추어 번역하였다.
- ••• 팔당댐에서 경기도 하남시를 거쳐 서울시 쪽으로 흐르는 한강의 일부로 행정 구역으로는 하남시 창우동과 배알미동에 걸쳐 있다. 남한강과 북한강이 합류하는 지점으로 물살이 세고 빠르며 강변의 풍경이 아름다운 데다가 서울로 통하는 교통의 요지로서 예로부터 중요한 지역이었다.

없었다. 상사병이 극심해지자 긴 노래를 지어 구애의 심경을 호소했다. 여자가 답하는 노래를 지어 세 편의 노래를 주고받았다. 여자는 머리를 기르고 남씨 집안의 소실이 되었다. 지금도 여승과 주고받은 노래 세 편*이 있어 세상에 돌아다닌다.

길고 긴 강둑길에서
나 홀로 자네를 만났을 때
나무에선 꽃잎 휘날려
초나라 구름에 어리비쳤지.

세 편의 노래는
설법(說法)보다 낫기에
가사를 벗어던지고
붉은 치마 입었다네.

🌼
이 기사에 나오는 남 참판은 곧 남휘(南徽, 1671~1732)로 의금부 도사를 지낸 무인이다. 그는 참판을 지낸 적이 없으므로 남 참판이라고 한 것은 조수삼의 착오이다. 남휘가 여승을 유혹하여 주

---

* '세 편'의 원문은 삼첩(三疊)으로 왕복한 노래가 세 편이라는 의미로 썼다. 원래 남휘와 여승이 각각 두 편씩의 가사를 지어서 보냈는데 조수삼 당대까지 그 가운데 세 편이 널리 불렀다. 그래서 조수삼은 여승이 구애를 받아들이는 마지막 노래는 듣지 못했을 가능성이 있다. 자세한 사실은 역자의 논문에서 분석하였다.

고받았다는 「승가(僧歌)」는 당시부터 대단히 유행하여 구한말까지 지속적으로 불리고 필사되었다. 현재도 이 연작가사는 이본(異本)이 매우 많다. 남휘와 여승의 사연은 1690년대에 생겨났고 작품도 이때 지어졌다. 작품은 직설적인 사랑의 노래로서 문학사적으로 아주 중요한 의의를 지닌다. 영조 때의 저명한 문인 이현급(李賢伋, 1711~?)이 이 연애담으로 「노래를 지어 비구니를 꾀다(作歌招女僧)」란 장편시를 짓기도 했다. 작자와 작품은 역자가 「연작가사 『승가』의 작자와 작품 성격」(『한국시가연구』 제26집, 한국시가학회, 2009. 5)과 「서명인(徐命寅)의 악부시(樂府詩) 창작과 국문시가」(『한국시가연구』 제28집, 한국시가학회, 2010. 5), 이 두 편의 논문에서 상세히 분석했다.

37화
수유리 주막의 술 파는 노인
勸酬酤

 水踰店東陂, 有長松淸泉. 賣酒翁坐其下, 行人有沽酒者, 必先酌一杯曰: "敢用獻酬禮!" 飮盡, 洗盞更酌, 乃進之. 其人如沽數杯, 翁亦如之. 客有數人, 亦如其數酬酌之, 其日不下五六七八十盃, 未嘗見其不勝酒力也.
 一盂白酒兩靑錢, 主酌賓酬禮秩然.
 五十年來君不見, 寒松依舊覆淸泉.

 수유리 주막거리 동쪽 언덕에는 키 큰 소나무 숲과 맑은 샘물이 있는데 술 파는 노인이 그 아래에 앉아 있다. 술을 사서 마시려는 행인들이 나타나면 반드시 먼저 술을 한 잔 따라 "감히 이 술잔으로 술을 바치는 예를 올립니다!"라고 말하고 마셨다. 술을 다 비우고 잔을 씻어 다시 술을 따라 손님에게 바쳤다. 손님이 여러 잔을 사서 마시면 노인도 그 수대로 마셨다. 손님이 여럿일 경우에도 그 숫자대로 술을 따라 마셨다. 하루에 50잔, 60잔, 70잔, 80잔

겨울에 산행하는 일행이 주막에서 잠시 쉬어가는 풍경을 묘사하고 있다. 산중 길목에서 주인이 지나가는 과객에게 술을 팔고 있다. 전 이형록, 「풍속도」 국립중앙박물관 소장.

을 내려가지 않았으나 그가 술을 이기지 못하는 장면을 본 적이 없다.

막걸리 한 사발에
동전 두 푼인데
주인은 술 따라 손님과 대작하여
예법을 잘 갖췄네.

50년 지난 뒤에
노인은 보이지 않고
소나무만이 지금도
맑은 샘물을 내려다보고 있네.

❧

조선시대에는 과객이 지나는 길목마다 주막이 많았다. 수유리 언덕 밑에도 그런 주막이 있었는데, 주막 술장수가 특이한 인물이었다. 손님과 대작하여 먼저 술잔을 깨끗이 비우고는 객에게 권하는 위인이었다. 아무리 마셔도 취하지 않는 주량을 과시하여 과객들에게 주신(酒神)으로 명성을 얻었다. 조수삼은 그 옛날 전설처럼 내려온 수유리 주막의 술장수를 회고조로 추억하였다.

38화
달구질하는 노인
築埋翁

築埋翁, 居楊州小皐里. 里有葬人, 翁爲其倡, 執鐸而歌築歌. 靜聽之, 詩之大小雅, 書之五子歌是已. 末乃以地家龍穴砂水吉凶預告之. 有心者, 誌其說而後驗之, 無一差失矣.

金唇木舌築埋詞, 五子之歌二雅詩.

亂以靑烏砂水法, 葬家休咎已前知.

    달구질하는 노인은 양주(楊州) 소고리(小皐里)에 살았다. 마을에 장사를 치를 사람이 나타나면 노인이 선두에 서서 요령을 잡고 달구질 노래를 불렀다. 조용히 들어보면 『시경(詩經)』의 「대아(大雅)」나 「소아(小雅)」, 『서경(書經)』의 「오자지가(五子之歌)」●와 다르

●『서경』에 실려 있는 작품명이다. 하(夏)나라 임금 태강(太康)이 정사에 힘쓰지 않아 백성들이 모두 흩어졌다. 그럼에도 불구하고 놀이에 빠져 멀리 사냥을 나가 열흘이 지나도 돌아오지 않자 예(羿)가 하수에서 그를 막아 폐위시켰다. 그러자 태강의 다섯 아우가 어머니를 모시고 낙수(洛水) 북쪽에 나가 태강을 기다리며

지 않았다. 노래 끝자락에서는 지관(地官)처럼 용혈(龍穴)과 사수(砂水)의 길흉*을 미리 말해준다. 생각 있는 사람이 그의 말을 기억해두었다가 나중에 확인해보았더니 하나도 틀린 말이 없었다.

요령을 흔들고 목탁 두드리며
달구 노래 부르나니
「오자지가」나
「대아」, 「소아」와 다르지 않네.

풍수장이의 사수(砂水)법으로
노래의 끝을 맺으니
장사 치른 집의 앞날을
벌써 다 꿰뚫고 있네.

과거에 장례를 치를 때는 상두꾼이 상여를 메고 묘지에 가서 무덤을 파고 매장하였다. 상두꾼이 상여를 메고 가며 부르는 노래를 상두꾼 노래라 했고, 관을 넣은 뒤 흙을 다져 봉분을 만들 때 부르는 노래를 달구 노래라고 했다. 위에 나오는 사람은 달구 노

노래를 지었다. 노래 안에는 나라를 다스리는 경계가 실려 있다.
* 용혈과 사수는 풍수학에서 묏자리의 좋고 나쁨을 판단하는 기준이다. 용혈이 주가 되고 사수는 용혈을 보호하는 역할을 한다.

래를 잘 부르는 사람이었다. 이 노래는 전국적으로 널리 퍼져 있었는데 특히 소고리 상두꾼이 노래를 잘 불러 유명했던 모양이다. 달구 노래에는 일반적으로 인생무상과 살아서 경계해야 할 일, 풍수설 따위의 다양한 내용이 담긴다. 조수삼이 그 노래를 듣고서 『시경』과 『서경』을 떠올린 것은 이 때문이다. 이 같은 경계와 예언의 내용은 소고리 상두꾼만의 특징은 아니다.

39화
시 잘하는 도적의 아내
能詩盜婦

元相國之管理松營也, 有盜就捕當死. 盜之妻能詩, 有句曰: '故國寒鍾入耳踈, 高麗五百此聲餘.' 外此, 語多淸警, 見者莫不激賞, 而惜不傳也. 律婦當坐, 相國憐其才, 特原之.

故國寒鍾入耳踈, 高麗五百此聲餘.

氤氳使者偏多憾, 枉把紅繩繫了渠.

원(元) 정승*이 개성을 다스릴 적에 어떤 도적이 체포되어 사형을 당하게 되었다. 그런데 도적의 마누라가 시를 잘 지었다. 그녀가 지은 시 가운데 아래와 같은 구절이 있다.

---

* 여기에 나오는 원 정승은 원인손으로 영조 말년에 우의정을 지냈다. 그는 원경하(元景夏)의 아들로 재능이 뛰어나 당시의 이름난 문사들과 교유하였다. 그는 1769년을 전후하여 개성유수를 지냈다.

옛 서울의 쓸쓸한 종소리는
귓가에 처량하게 들려오니
고려 500년 역사가
종소리에 남아 있구나!

이 밖에도 맑고도 깜짝 놀랄 만한 시어가 많아 모두들 격찬하면서 널리 전해지지 못할까 안타까워하였다. 법에 따르면 도적의 아내는 연좌되어야 하나 정승이 그녀의 재능을 아껴 특별히 용서하였다.

"옛 서울의 쓸쓸한 종소리가
귓가에 처량하게 들려오니
고려 500년 역사가
종소리에 남아 있구나!"

인연을 맺어주는 중매쟁이 신선은
유난히도 유감이 많아선가?
붉은 오랏줄로
남녀를 잘못 얽어맸구나!

원인손(元仁孫, 1721~1774)은 명문가 자제로 1769년을 전후하여 개성유수가 되었다. 그때 이봉환(李鳳煥), 홍신유(洪愼猷) 같은 저명한 시인들과 함께 시를 지어 『서경아집(西京雅集)』이란 시집을 엮었다. 풍류남아인 데다 시를 즐겨 짓는 문사인지라 도적의 아내가 지은 시에 감명을 받아 남편의 죄에 연좌하지 않고 풀어주었다. 도적의 아내임에도 시를 지을 줄 안다는 사실 자체가 사람들의 호기심을 자아낸다. 이렇게 『추재기이』에는 양반이나 지식층이 아닌 이들이 시를 짓는 현상에 유독 주목하였다.

한편 도적의 아내가 지었다는 시구는 권겹(權韐)이 아홉 살 때 지은 「송도회고(松都懷古)」의 "달 아래 흰 눈은 옛 왕조의 빛깔이요, 쓸쓸한 종소리는 옛 나라의 소리로다. 남쪽 누각에 시름겹게 혼자 서니 무너진 성곽에 밤안개 피어나네(雪月前朝色, 寒鐘故國聲. 南樓愁獨立, 殘郭曉雲生)"를 차용한 것이다. 권겹은 광해군 때의 저명한 시인인 권필의 아우이다. 이 시는 아주 유명하여 시조로도 불렸다.

조수삼은 남녀의 인연을 맺어준다는 중매쟁이 신선이 시를 쓰는 품격 높은 여인과 무식한 도적을 맺어준 것이 큰 실수라며, 안타까운 심경을 시로 표현하였다.

40화
의리를 지킨 기생 한섬
寒蟾

寒蟾, 全州妓, 黃橋李尙書致之家, 敎歌舞, 鳴於國中. 寒蟾老歸, 歲餘, 尙書捐舘矣. 蟾聞卽馳, 至尙書墓, 一哭, 澆一杯, 飮一杯, 歌一曲. 再哭, 再澆, 再飮, 再歌. 循環終日而去.

一哭一歌澆一杯, 杯行終日若輪廻.

耆卿已死師師老, 誰識江南玉笛哀.

한섬은 전주 기생으로서 황교(黃橋)• 이 판서(李判書)••가 집으로 데려다 가무를 가르쳐 온 나라에 명성이 자자했다. 한섬이 나

• 서울 동부 연화방(燕花坊)에 있던 다리 이름이다. 종묘의 서쪽 보령제약 서남쪽 아래에 있던 다리로 현재는 복개되었다.
•• 영조 때 대제학과 예조판서를 지낸 이정보(李鼎輔, 1693~1766)를 가리킨다. 이정구(李廷龜)의 후손으로 경화세족 명문가 출신인데 음악에 뛰어난 실력을 갖추어서 스스로 곡을 만들어 지금도 시조집에 80수 가까운 시조가 전한다. 그는 집안에서 가객들을 양성하여 시조로 유명한 이세춘(李世春)과 거문고의 명인 김철석(金哲石), 그리고 추월(秋月)과 계섬 같은 가객들을 길렀다.

예조판서 등 조정의 요직을 거쳤으며 한시와 시조 짓기에도 능했던 이정보의 초상화. 의연하고 강직한 성품이 고스란히 담겨 있다. 일본 덴리대학 소장.

이가 들어 집으로 돌아간 지 한 해 남짓 지나 판서가 세상을 떴다. 한섬이 즉시 말을 달려 판서의 묘에 이르러 한 번 곡하고 술 한 잔 따르고 술 한 잔 마시고 노래 한 곡 불렀다. 다시 두 번째 곡하고 두 번째 술을 따르고 두 번째 잔을 마시고 두 번째 노래를 불렀다. 이렇듯 하루 종일 술과 노래로 애도한 뒤 자리를 떴다.

곡 한 번에 노래 한 곡 부르고서
술 한 잔을 따라 붓노라니
술잔이 윤회하듯이
하루 종일 오가네.

기경(耆卿)은 벌써 죽고
사사(師師)도 늙었으니●

강남에서 부는 구슬픈 옥피리를
그 누가 알아주랴!

이 기사는 한섬이란 기생이 자신을 돌봐준 패트런인 판서 이정보에게 마지막까지 의리를 지키고 보답했다는 사연이다. 이정보는 동시대의 심용(沈鏞, 1711~1788)과 함께 영·정조 시대를 대표하는 '풍류주인(風流主人)'이란 평을 받은 인물이다. 배은망덕과 배신이 판치는 세상에 기녀가 의리를 지킨 일은 감동적인 사연이다. 당대에 유명했던 실화로서 수많은 기록에 전한다.

조수삼이 한섬이라고 한 기생은 다른 기록에는 계섬(桂蟾, 1736~1797 이후) 또는 계섬(桂纖)으로 등장한다. 이 기록에 나오는 사건은 1766년 이정보가 사망했을 당시에 일어났다. 이때 한섬이 보인 행동은 가객들의 전형적인 의식이었다. 한섬은 심노숭(沈魯崇)의 문집에 「계섬전」에 자세한 사실이 실려 있고, 『청구야담』을 비롯한 많은 문헌에 행적이 묘사되어 있다.

• 기경은 중국 송(宋)나라의 저명한 문인 유영(柳永, 약987~약1053)의 자이다. 통속적인 사(詞) 작품을 지어 당시에 널리 노래로 불렸다. 이사사(李師師)를 비롯한 가희(歌姬)들과 맺은 로맨스가 널리 전한다. 사사는 이사사로, 송 휘종 연간의 저명한 가희(歌姬)다. 주방언(周邦彦)과 유영을 비롯한 문인들과의 로맨스가 유명하다. 특히 휘종과 맺은 로맨스로 유명한데, 이 사연은 「이사사외전(李師師外傳)」(『향염총서(香艶叢書)』)에 상세하게 묘사되었다. 이 구절에서 기경은 이정보를, 사사는 한섬을 비유하여 이정보가 죽고 난 뒤 지음(知音)을 잃은 늙은 한섬이 쓸쓸하게 지내는 모습을 묘사하였다.

41화
떠돌이 망건장이 조석중
乾坤囊

　　趙石仲長九尺餘, 濃眉大腹, 多手藝, 尤善結髮帽髮巾. 一日一巾, 三日一帽. 巾直百錢, 帽直八百, 而有錢輒施人. 善飮酒, 愛客重然諾. 以無家室, 故常佩一巨囊, 囊可容一碩米, 名曰乾坤囊. 一切器具曁衣被冠履皆藏之, 自稱在世彌勒云爾.
　　髮帽髮巾畵不能, 乾坤囊子影嶒崚.
　　身家百供皆於是, 慚愧人間布袋僧.

　　조석중(趙石仲)은 신장이 구 척이 넘고, 눈썹이 짙으며, 배가 불룩 튀어나왔다. 손재간이 뛰어나 여러 가지 기술에 능했다. 특별히 말총갓과 말총 망건을 잘 엮어서 하루에 망건 하나를 엮고, 사흘에 갓 하나를 엮었다. 망건 값은 100문(文)이었고, 갓 값은 800문이었는데 돈이 생기면 바로 남에게 주었다. 술을 잘 마시고 친구를 좋아하였으며, 남을 위해 일하는 것을 소중히 여겼다. 제 집은 없었기에 늘 두 개의 큰 전대를 메고 다녔다. 그 전대는 쌀 한

나이든 망건장이가 말총을 그물처럼 엮어 망건을 만들고 있다.
바닥에는 말총을 담은 그릇과 완성된 망건 하나가 놓여 있다.
김준근, 「망건공(網巾工)」, 19세기 후반, 함부르크 민족학박물관 소장.

섬이 들어갈 크기였는데 건곤낭이라고 불렀다. 여러 기구와 옷이며 이불, 갓과 신발을 그 속에 집어넣었다. 자칭 재세미륵불(在世彌勒佛)이라 하고 다녔다.

말총갓과 말총 망건은
그려낼 수 없네.
건곤낭 멘 사람
모습도 우람하다.

제 한 몸에 필요한 세간이
모조리 그 속에 들었거니
바랑을 멘 스님들은
부끄럽겠군.

조석중은 말총을 재료로 망건과 갓을 만드는 장인이다. 그들을 망건장이와 갓장이라고 불렀다. 그들은 흔히 한곳에 정착하지 않고 각지를 떠돌며 물건을 만들어 팔았다. 도시의 떠돌이 수공업자인 망건장이와 갓장이는 당시 장인들 가운데서는 벌이가 괜찮은 편이었다. 수많은 망건장이 가운데 조석중이 시장의 명물로 소문난 것은 그의 용모와 기술 때문이 아니다. 돈이 생기면 제 주머니로 집어넣지 않고 바로 남에게 주는 행위 때문이었다. 이처럼 그는 집도 가족도 없이 돈을 벌어 남에게 베푸는 독특한 위인이었다. 큰 전대 두 개에 살림살이를 모두 넣고 다니는 행색 때문에 건곤낭이라 불린 조석중은 자신을 미래의 부처인 미륵불이 현세에 나타났다고 하여 재세미륵불이라고 농담 삼아 말했다. 그의 행동을 보면 그렇게 말할 법도 하다. 그의 형상은 김려(金鑢)가 쓴 전기 「삭낭자전(索囊子傳)」에 나오는 삭낭자와도 흡사하다.

42화
쌈지에 없는 것이 없는 박 생원
無所不佩

磬湖朴生, 古家子也. 家藏書數千卷, 貧甚而不賣. 晝則出游於五江及京城親故間, 夜歸矻矻教兩兒書, 後皆小成. 生常佩十餘箇小竹筒, 筒各有藏, 故號無所不佩朴生員.

遊戲人間日月長, 竹筒衣底響丁當.

古家書籍能傳守, 雁塔聯題兩少郞.

경호(磬湖)[•]에 사는 박씨(朴氏)는 오랜 명가의 후손이다. 집에는 장서 수천 권이 있는데 제 아무리 가난해도 팔지 않았다. 낮이면 집을 나서 한강 일대^{••}를 비롯하여 경성 안의 친지와 친구들을

• 한강 유역의 지명으로 보이고 경호(耕湖)로도 표기되는데 구체적으로 어느 곳을 지칭하는지는 알 수 없다.

•• 원문은 오강(五江)으로, 전국 화물의 집결지인 한강 일대를 가리키는 말이다. 그 명칭은 전하는 사람이나 시대에 따라 차이가 있다. 원래 광나루에서 양화진에 이르는 한강은 전국 상업의 중심지로서 18세기 이전에는 세 지역을 중심으

찾아보고, 밤이면 집에 돌아와 정성껏 두 아들에게 책을 가르쳤다. 나중에 두 아들 모두 작은 성공●을 거두었다. 박씨는 늘 10여 개의 작은 대나무 통을 차고 다녔는데, 거기에 각기 다른 물품을 담았다. 사람들은 쌈지에 없는 게 없는 박 생원이라고 불렀다.

인간 세상에 노니는
세월도 길다.
옷 아래 찬 죽통에서
딸랑딸랑 소리가 난다.

고가의 서적을
전해 지켰기에
두 아들이 연달아
과거에 붙었다네.

명문가 출신으로 영락한 처지이지만 그래도 조상 대대로 전해

로 삼강(三江)이라 불렸으나 이후 오강, 팔강(八江)으로 주요 지역이 확대되었다. 강준흠의 『한경잡영(漢京雜詠)』「오강(五江)」에서는 "한강물이 (……) 한양의 동남쪽에 이르러 두모포가 되고 한강 나루가 되며, 또 서쪽으로 흘러 노량진이 되고 용산이 되고 서강이 되었다가 행주에 이르러 바다로 들어간다. 참으로 서울의 동서남 삼면을 감싸 안고 있다. 배들이 모두 모여드는 곳은 이 오강이 있을 뿐 다른 나루터는 끼이지 못한다"고 한 것으로 보아 19세기 전기에는 두모포·한강진·노량진·용산·서강을 오강이라 했음을 알 수 있다.
● 원문은 소성(小成)으로 소과에 급제한 사실을 가리킨다.

오는 책을 팔지 않고 자식을 잘 가르쳐 소과(小科)에 합격시킨 사람의 사연이다. 보통 이 정도로 몰락한 사람이면 대개 책을 팔아 생계를 유지하지만 박 생원은 굳게 책을 지켜냈다(실제 생원시에 붙어서라기보다는 그를 높여 부른 칭호로 보인다). 그 점이 우선 사람들에게 호감을 샀다.

무엇보다 사람들의 시선을 끈 것은 그의 행색이다. 양반이기에 특별히 하는 일이 없어서 날마다 한양 출입을 했는데 늘 10여 개의 작은 대나무 통을 허리춤에 차고 다녔다. 그 통마다 물건이 담겨서 찰랑찰랑 소리가 났다. 그런 모습이 특별히 눈에 띈 이유는 조선 사람은 허리춤에 물건을 차고 다니는 것을 싫어했고, 그런 사람을 천시했기 때문이다. 이옥(李鈺)은 『연경(烟經)』에서 중국인은 온갖 주머니를 차지만 조선 사람은 담배쌈지 외에는 차지 않는다고 말할 정도였다.

『논어』「향당(鄕黨)」편에는 "상복을 벗으면 차지 않는 것이 없다(去喪, 無所不佩)"라는 구절이 있어서 군자가 평상시에는 옥과 송곳 따위를 휴대한다고 했으나 조선의 경우는 그렇지 않았다. 무소불패 박 생원이라고 불린 데에는 고지식하게 공자 말씀을 따른다는 동시대 사람들의 비웃음이 실려 있기도 하다.

43화
평안도 정주의 최 원장
崔院長

院長名不知, 定原新安書院院長也. 少喜讀書, 潛心於程朱之學, 尤喜禮學. 敎授邑子弟, 贈參判白公慶翰 · 贈參判韓公浩運 皆其人, 而二公殉節於壬辛之變, 邑人皆曰: "生爲崔院長之高弟, 死不爲國家之忠臣乎?"

驚心寇亂說壬辛, 扶植綱常賴有人.

習禮窮經崔院長, 一生陶鑄兩忠臣.

원장은 이름을 알 수 없으나 평안도 정주(定州) 신안서원(新安書院) 원장을 지냈다. 젊어서부터 독서를 즐겼고, 정주(程朱)의 학문에 마음을 쏟았다. 특별히 예학(禮學)을 좋아하였다. 고을의 자제들을 가르쳤는데 참판에 증직된 백경한(白慶翰) 공과 역시 참판에 증직된 한호운(韓浩運) 공이 모두 그의 제자이다. 두 분은 신미년과 임신년의 난리에 순절하였다. 고을 사람들이 모두들 "살아서 최 원장의 수제자였으니 죽어서 국가의 충신이 되지 않을 수 있겠는가?"라고 하였다.

 반란군 난리에 놀란 가슴으로
 신미년 일을 말할 때마다
 윤리와 강상을 지켜낸
 적임자가 떠오르네.

 예법을 익히고 경서를 연마한
 최 원장이 바로 그 사람
 한평생 길러낸 제자 가운데
 충성스러운 두 신하가 있네.

 이 글에서 말한 신미년(1811)과 임신년(1812)의 난리는 홍경래의 난을 가리킨다. 조수삼은 홍경래의 난이 평정된 뒤에 이 지역을 탐사하여 장편 서사시 「서구도올(西寇檮杌)」을 지었다. 그뿐 아니라 이 기사에 충신으로 나오는 한호운을 위한 「충신 증호조참판 한공호운 정문음기(忠臣贈戶曹參判韓公浩運旌門陰記)」를 지었고, 「합사오충문(合祀五忠文)」에서는 백경한과 한호운을 포함하여 다섯 충신의 제문을 지었다. 그런 인연이 있기에 당시 지역 사정에 정통할 수 있었다.
 백경한(1761~1812)은 정주 지역을 대표하는 학자로서 홍경래의 반란이 일어나 정주성이 함락되자 성내에 머물면서 외부의 관군과 협력하려고 노력했다. 아우인 백경해(白慶楷)가 승응조(承膺祚)에게 관군에 동참하라고 권유하는 편지를 소지하고 있다가 발각되어 그는 죽임을 당했다. 반란이 진압된 뒤에 '임신칠의사(壬申七義士)'로 인정받아 호조참판에 증직되었다.

조수삼이 말한 신안서원 최 원장은 사료에서 확인하기 어렵다. 그러나 백경한의 『부호집(鳧湖集)』을 통해 최 원장이 그의 이모부이자 스승인 화곡(華谷) 최경림(崔敬林, ?~1805)임을 알 수 있다. 백경한은 10세부터 장년에 이르기까지 집 뒤에 세운 서숙(書塾)에서 지역 학생들과 함께 최경림에게 학문을 배웠다. 최경림은 학생들을 엄격하게 교육했는데 1775년부터는 서숙 뒤에 향약을 만들어 유가 도덕을 강습하였다. 백경한은 그에게 상당히 큰 영향을 받아 배운 내용을 『화곡문답(華谷問答)』과 『부호연기(鳧湖年記)』에 자세히 기록해놓았다.

조수삼이 그를 신안서원 원장이었다고 말한 대목을 자료로 뒷받침하기는 어려우나 서원의 원장으로 활동했을 가능성을 배제할 순 없다. 백경한은 정주를 대표하는 신안서원에서 선조 때의 서인 학자인 조헌(趙憲)을 배향하기 위해 다방면으로 노력했다.

정주는 조선 후기에 평안도 지역에서 가장 많은 지식인을 배출한 지역이고, 백경한은 홍경래의 난을 전후해 평안도 지역 문인의 동향을 잘 보여주는 인물이다(이 지역 문인의 활동상은 장유승이 『조선 후기 서북 지역 문인 연구』에서 자세히 밝혔다). 조수삼은 난으로 인한 서북 지역의 불안정을 유가의 교화로 치유하기를 바랐고, 이미 최 원장과 백경한이 모범적으로 실천하여 성과를 냈다고 보았다.

44화
천재 시인 안성문
安聖文

　詩人安聖文, 自幼少時有天才, 能一覽輒記, 而顧喜酒, 不喜讀書. 然詩多警語, 如 '河豚浪赤終非雨, 野馬山靑半是雲.' '杏花籬落無時雨, 楊柳門庭盡日風.' '十年歧路靑芒屨, 千首詩篇白葛衣.' '暮砧爭遠起, 秋燕更高飛.' 等句甚佳, 而往往有破綻不能作全正錦. 盖其性極疎迂, 不解世務故也.
　一封書擬叫天閽, 夜雪來敲社友門.
　共給詩人歌聖化, 高樓百架酒千樽.

　시인 안성문(安聖文)은 어릴 때부터 천재의 재능을 보여 한 번 보면 바로 기억하는 능력이 있었다. 다만 술을 좋아하고 책 읽기를 좋아하지 않았다. 그러나 그가 지은 시에는 놀랄 만한 시어가 많다.

　하돈(河豚, 복어)이 일으킨 붉은 물결은
　끝내 비가 안 되지만

야마(野馬, 아지랑이)로 푸른 산기운은
모두가 구름이 되네.

울타리의 살구꽃은
때도 없이 내리는 비요
대문 옆의 버드나무는
온종일 바람에 흔들리네.

10년 세월 길을 떠도느라
짚신만 닳아 없어졌고
천 편의 시를 짓고도
흰 베옷 입는 신세네.

저녁 다듬이 소리가
멀리서 다투듯이 일어나자
가을 제비는
더 높이 날아오르네.

이러한 시구는 대단히 아름답다. 그러나 곧잘 파탄이 나서 온전한 작품 한 수를 이루지 못한다. 성품이 지극히 성글어서 세상 물정을 이해하지 못한 탓이다.

상소문 한 통을

대궐문에 올리기 위해
밤에 눈보라를 뚫고서
친구 집 문을 두드렸지.

시인을 대접하여
태평을 노래하도록
백 계단 높은 다락에서
천 동이 술을 내놓았지.

시인이라고 했으므로 양반이 아니라 중인 이하의 신분임을 알 수 있다. 안성문은 18세기 여항 시단에서 꽤 이름이 있던 시인이다. 본래 이름이 안명흠(安明欽)으로 본관은 순흥(順興)이며, 성문은 자(字)이다. 또 창손(昌孫)이란 이름을 쓰기도 했다. 여항인의 시를 모은 『풍요속선(風謠續選)』에 그의 시가 수록되어 있다. 당시에 제법 알려진 시인이었기에 저명한 시인인 신광수(申光洙)의 시집에도 그와 주고받은 시가 여러 편 실려 있고, 여항 시인인 범경문(范慶文), 김의행(金義行)과 주고받은 시가 그들의 시집에 전한다. 기사 뒤에 읊은 시는 폭설 내리는 밤에 불쑥 조수삼을 찾아온 안성문의 일화를 묘사했다.

한편 그의 작품으로 알려진 일부 시는 다른 시인의 작품으로도 전한다. 조수삼이 젊은 시절에 편찬한 『연상소해』의 64화에 나오는 천민 시인 김강아지[金光生]의 작품과 겹친다. 무엇이 옳은지는 알 수 없으나 『추재기이』의 기록이 오류일 가능성도 있다. 김강아지의 기사는 안성문의 기사와 상당히 유사하므로 여기에 전체를 수록한다.

    김광생(金光生)의 자(字)는 회객(晦客)이다. 어떤 사람인지 알 수 없으나 노비 신분으로 숨어 살았다. 사람들이 그를 김강아지[金犬子]―[원주] 견자(犬子)라는 이름을 풀면 발음이 광생(光生)과 같다―라고 불렀다. 시를 잘 지어 볼 만한 것이 많았으나 사람들은 알아주지 않았다. 내가 우연히 그와 사귀어 때때로 그가 지은 시를 보았다.
    「관북 지방을 들러서」는 이렇다.

    전쟁터라 풀이 나면
    모두 북쪽을 바라보고
    선승(禪僧)의 거처라 꽃이 져도
    동쪽으로 흘러간다.

    하돈(河豚)이 일으킨 붉은 물결은
    끝내 비가 안 되지만
    야마(野馬)로 푸른 산기운은
    모두가 구름이 되네.

    버들잎 막 돋아난 모양은
    쥐의 귀 같고

복사꽃 처음 핀 모습은
원숭이 입술 같네.

이리저리 흩뿌리는 것은
하늘가에 불어대는 비이고,
까닭 없이 솟구친 것은
바닷가에 자리 잡은 산이네.

등불 앞에서는
들물이 어살에 막혀 울어대고
빗속에서
노란 국화꽃이 꿀 더미에 모여 피네.

이러한 시구는 모두 아름답고 아치가 있다. 전편을 얻어 보지 못하여 유감이다.●

한편 여항 시인의 시화를 엮은 윤행임(尹行恁)의 『방시한집(方是閒輯)』에는 김강아지가 김강생(金江生)이라는 이름으로 실려 있다.

● 조수삼, 『연상소해(聯床小諧)』, 수경실 소장 필사본. "金光生, 字晦客, 不知何許人, 而隱於儓隸. 人呼之爲金犬子─犬子釋名, 則音同光生.─, 能詩, 多可觀, 而人亦不知也. 余偶與之交, 時見之. 其過關北句云: '戰址芔生皆北首, 禪家花落亦東流.' 又云: '河豚浪赤終非雨, 野馬山青半是雲.' 又云: '柳葉纖生口鼠耳, 桃花初發似猩脣.' 又云: '婆娑不定天邊雨, 突兀無根海上山.' 又云: '燈前野水鳴漁泊, 雨裏黃花集馬蔦.' 等語, 皆有婉致, 但恨不得全篇耳."

45화
떠돌이 장님 가수
孫瞽師

孫姓瞽師, 不閑卜術而善歌曲, 所謂東國羽調界面長短高低卄四聲, 無不淹博貫通. 日坐街頭, 大謳細唱, 方其得意處, 聽者如堵, 投錢如雨. 手挍而計爲百文, 卽起去曰: "此足爲一醉資!"

史傳師曠刺爲盲, 歌曲東方卄四聲.

滿得百錢扶醉去, 從容何必羨君平.

손씨(孫氏) 성을 가진 장님 악사는 점술은 익히지 못했으나 가곡(歌曲)은 잘하였다. 이른바 우리나라 우조와 계면조 장단과 고저 스물네 가지 소리를 두루 알고 모두 꿰뚫었다. 날마다 길목에 앉아서 크고 작은 소리로 노래하였다. 그가 가장 잘 부르는 대목에 이르면 청중들이 담을 에워싸듯 몰려들어 비 오듯이 동전을 던졌다. 손을 더듬어 계산해보고 100문이 되면 바로 일어나 자리를 뜨면서 "이거면 한 번 취할 밑천은 되겠군!"이라고 말했다.

사광(師曠)은 제 눈을 찔러 장님이 되었다고
역사책에 전해오지만
동방의 가곡은
스물네 가지 소리가 있네.

100문이 채워지면
술에 취하러 벌떡 일어나니
그 멋진 모습
엄군평(嚴君平)•을 부러워할 필요 있으랴?

거리에서 가곡을 불러 돈을 버는 장님 악사 이야기이다. 보통 장님의 가장 흔한 직업이 점술이기에 손씨가 점술가가 되지 못하고 악사가 되었다고 운을 뗐다. 그렇다고 손씨는 장악원에 들어가는 정식 악사의 길을 밟은 음악가도 아니다. 나름대로 가곡을 잘 익혀 거리에서 노래를 불러 청중의 감동을 자아내 돈을 구걸하였다. 떠돌이 악사인 셈인데, 그 수준이 범상치 않아 인기를 얻은 사람이었다.

조선 후기에는 손씨처럼 단독으로 또는 여럿이서 무리 지어 각지를 돌아다니며 음악을 연주하고 돈을 받는 유랑악단이 많았다.

• 후한 때의 은사로 성도(成都)에서 점쟁이 노릇을 하면서 사람들에게 충효와 신의를 가르쳤다. 날마다 돈 100전을 벌면 가게 문을 닫고 『노자』를 읽었다.

그 가운데 일부가 바로 손씨 같은 장애인 악사였다. 다만 그는 100문을 벌면 툴툴 털고 일어나 하루벌이에 만족감을 표했는데 그 모습이 마치 후한의 도사 엄군평과 비슷하였다. 시장을 떠도는 유랑인들이 이렇게 금전에 큰 욕심을 내지 않는 모습을 조수삼이 굳이 강조하여 서술한 것은 금전과 재물의 노예가 된 현실 세계의 인간 또는 일반인과는 달리 그들은 비교적 자유로운 인간이었음을 부각하기 위해서였다.

46화
일지매
一枝梅

　一枝梅, 盜之俠也. 每盜貪官汚吏之財自外來者, 散施於不能養生送死者, 而飛簷走壁, 捷若神鬼, 被盜之家, 固不知何盜也. 而乃自作朱標刻一枝梅爲記, 蓋不欲移怨於他也.

　血標長記一枝梅, 施恤多輸汚吏財.

　不遇英雄傳古事, 吳江昔認錦帆來.

　일지매는 도둑 가운데 협객이다. 탐관오리가 법을 무시하고 부정하게 모은 재물을 훔쳐서, 생계도 꾸리지 못하고 장례도 치르지 못하는 사람들에게 나누어주었다. 처마와 처마 사이를 날아다니고 벽에 붙어 다녀서 날래기가 귀신같았다. 그래서 도둑맞은 집에서는 누구에게 당했는지 전혀 알 수 없었다. 그럼에도 일지매는 제 손으로 붉은 종이에 매화가지 하나를 새겨서 표시를 남겼다. 다른 자에게 혐의를 옮기지 않으려는 심사였다.

1762년 사도세자가 화가 김덕성(金德成)에게 명령해 그린 화첩 『중국소설회모본(中國小說會模本)』에 실린 일지매 그림. 「벽화지매(壁畫枝梅)」란 제목의 소박한 스케치 그림이나 일지매 고사가 상류층에도 널리 퍼진 실상을 보여준다. 국립중앙도서관 소장.

매화가지 하나 길게
붉은 종이에 표시하고
탐관오리 재물을
빈궁한 사람에게 모두 베푼다.

때를 만나지 못한 영웅의
옛이야기 전해오나니
옛날 오강(吳江)에서도
비단 돛이 미끄러져 왔었지.

오늘날에도 너무나 유명한 일지매 이야기는 바로 『추재기이』의

이 짧은 기록에서 출발한다. 자기가 침입했다는 혐의를 남에게 씌우지 않기 위하여 매화가지 표식 하나를 남기고 떠나는 이 멋진 의적의 형상은 조선 후기에 아주 널리 퍼졌고, 근대 이후에는 더욱 신비화되어 각종 매체로 확산되었다. 하지만 조선 후기에도 일지매 설화는 다양하게 알려져서 인기를 얻었다. 그런 유명세를 탔기에 『추재기이』에까지 오를 수 있었다. 한편 일지매 설화는 중국 송대로 거슬러 올라가는데, 한중일 세 나라에 널리 퍼졌을 만큼 국제적인 인기를 얻었다. 그만큼 다채로운 의적 형상이기에 『추재기이』의 기록은 더욱 가치가 있다.

47화
홍씨 집에 찾아든 대범한 강도
洪氏盜客

　南陽之洪有豪富好客者, 一日見客避雨立門前, 邀之堂與之語, 則客固能詩, 善飮, 工博奕, 主人大喜留之. 雨終日, 是夜半, 客出一短簫曰: "此鸛脛骨也, 君可一聽!" 爲奏一曲, 嘹亮截雨, 雲月朣朧, 主人甚喜. 又出一短劍, 霜芒的爍於燈光. 主人方錯愕, 窓外有人來告曰: "小的們已到!" 客又把劍, 左執主人手曰: "主人賢者, 吾不忍盡取之!" 下令曰: "凡物皆分半, 彼黑騾不可分者, 留以報賢主人好客之惠!" 應曰: "諾!" 而已, 又告曰: "已句當公事!" 客乃起揖而去. 主人點視家中物, 無巨細半分而去, 無一人戕害. 然騾顧不見, 主人囑家人秘勿洩. 及午, 騾自還, 背一草帒, 帒上有赫蹄書曰: "頑卒違令, 故謹以其頭謝焉!"

　燈前揮霍舞秋濤, 鸛骨簫聲截雨高.
　百物中分違令卒, 包頭騾帒謝鄕豪.

　남양(南陽) 홍씨(洪氏) 가운데 아주 큰 부자로 손님을 좋아하는 사람이 있었다. 하루는 비를 피하려고 문 앞에 서 있는 어떤 나그네를 보고는 집 안으로 맞아들였다. 나그네와 말을 주고받아 보니 정말 시를 잘 짓고 술도 잘 마시며 바둑도 썩 잘 두는 사람이었다. 주인은 크게 기뻐서 그를 집에 머물게 하였다.

비는 종일 내렸다. 이날 한밤중에 나그네는 단소를 하나 꺼내 "이것은 황새 정강이뼈로 만든 물건이랍니다. 어른께서 한 번 들어보실 만할 겁니다"라고 하더니 주인을 위해 한 곡을 연주하였다. 청아한 소리에 비는 어느 사이 그치고, 구름 속에 감추어진 달빛이 몽롱하게 비치자 주인은 몹시 즐거워했다. 그때 나그네가 품에서 단검 하나를 꺼내들었는데 서릿발 같은 칼날이 등불 빛에 번쩍하여 섬뜩했다. 주인은 그제야 입을 다물지 못하고 놀랐다.

그때 창밖에서 누군가 나타나 고하였다. "소인들이 이제 당도했습니다." 나그네는 오른손으로 검을 잡고 왼손으로는 주인의 손을 잡고 말했다. "주인께서 어지신 어른이므로 차마 다 가져가지는 못하겠다." 그리고 "모든 물건을 반으로 나누되 저 검은 나귀는 나눌 수 없으므로 그대로 두어 어진 주인께서 나그네를 잘 대해준 은혜에 보답코자 하노라"고 명령을 내렸다. 모두가 "잘 알겠습니다!"라고 대꾸하였다. 이윽고 "벌써 일을 다 해결하였습니다!"라고 고했다. 그제야 나그네는 일어나 예를 표하고 자리를 떴다.

주인이 집 안의 물건을 일일이 점검해보니 크고 작은 물건을 따질 것 없이 모두 반으로 나누어 가져갔고, 한 사람도 해코지를 당하지 않았다. 그런데 아무리 찾아도 나귀가 보이지 않았다. 주인은 집안사람에게 이 일을 비밀에 부쳐 누설하지 말라고 단속하였다. 그날 정오 무렵 나귀가 저 혼자 집으로 돌아왔는데 그 등에 짚풀로 만든 부대가 놓여 있고, 부대 위에는 간단한 편지가 놓여 있었다.

"완악한 졸개가 명령을 어겼기로 삼가 그놈의 머리를 바쳐 사죄하는 바입니다."

등불 앞에서 칼을 휘두르자
가을 물결이 춤추듯
황새 뼈로 만든 단소 소리는
비를 가르고 높이 퍼지네.

물건을 반분하라는
두령의 명령을 졸개가 어겼다고
벤 머리를 부대에 담고 나귀 등에 태워서
고을 호걸에게 사죄하였네.

기발한 방법으로 강도질을 한 사람 이야기이다. 아주 자연스럽게 부자에게 접근하여 지식과 재능을 뽐내며 주인과 대등하게 담소를 나누다가 자연스럽게 부하들을 불러 모아 완벽하게 털어갔다. 게다가 주인의 덕에 보답한다고 재산을 반만 가져가는 대인다운 금도(襟度)까지 보였다. 한 술 더 떠 명령을 어긴 부하의 목을 보내 끝까지 약속을 지킴으로써 신의와 잔인성까지 보여주었다. 떼강도의 두령으로 보여준 지략은 듣는 사람에게 통쾌한 기분을 선사한다. 의적 일지매와는 다른 모습이다. 기발하며 매력적인 대도의 이야기는 조선 후기의 치안 불안과 겹쳐 상당히 널리 퍼졌고, 구체적 사건도 빈발했음을 이 이야기에서 엿볼 수 있다.

48화
범을 잡은 사내
打虎人

癸亥除夕, 俗離外山新崖村, 士人咸聚於一所, 飮酒守歲. 夜未半, 有丈夫跣足而入, 衣皆破裂, 血痕狼藉, 疾聲言曰: "我飢欲死, 願乞一飽!" 諸人驚懼, 急聚酒肉餠羹, 而猶沃雪可兼十人饌. 乃曰: "家居越中, 再昨夕老親爲虎所逼, 故急出逐之. 憤其遠逃, 三晝夜尾之不釋, 俄纔殺之於園後." 問距越幾里, 曰: "三百餘里." 曰: "然則足可歸趁明曉, 願借不借." 主人贈以鞋襪. 客去, 擧火共往審之, 果打殺虎大於牛者云.

短衣徒跣雪中行, 夜半驚聞打虎聲.
見說越州三百里, 還家猶足拜新正.

계해년(1803) 제석날 속리산 밖에 있는 신애촌(新崖村)에서는 선비들이 한곳에 모두 모여 술을 마시면서 한 해를 보내고 있었다. 밤중이 채 되기 전에 한 대장부가 맨발인 채로 들이닥쳤는데 옷은 모두 찢어지고 핏자국이 낭자한 꼴이었다. 그는 다급한 목소리로 말하였다.

"배고파 죽겠으니 밥 좀 실컷 먹게 해주시오!"

여러 사람들이 놀랍기도 하고 두렵기도 하여 급히 술과 고기, 떡과 국을 모아서 주었더니 마치 열탕에 눈 녹듯이 허겁지겁 삼켜 거의 열 사람 분량을 먹어치웠다. 다 먹고 나서 그 사람은 이렇게 말하였다.

"영월 땅에 사는데 그저께 밤에 늙으신 아버지께서 범에게 당하여 급히 집을 나와 뒤를 쫓았습니다. 그놈이 멀리 도망가는 것에 분이 나서 사흘 밤낮을 뒤쫓은 끝에 마침내 이 집 뒤에서 잡아 죽였습니다."

그러고는 이 집이 영월에서 몇 리나 떨어진 곳이냐고 물었다.

"300여 리 떨어졌소."

"그렇다면 내일 새벽이면 도착할 수 있겠군요. 짚신 좀 빌려주시오."

집주인이 그에게 짚신과 버선을 주었다. 손님이 떠난 뒤에 여럿이서 횃불을 들고 가 찾아보았더니 과연 소보다 큰 범을 때려서 죽여놓았다.

반바지에 맨발로
눈 속을 달려서
한밤중에 범을 잡는 소리를
깜짝 놀라 들었다네.

영월이 300리라는
말을 듣더니
집으로 돌아가서
새해를 맞이하기에 넉넉하다고 하였네.

🌱

18세기 시인인 이언진(李彦瑱, 1740~1766)은 『호동절구(衚衕絕句)』 제36수에서 이렇게 읊었다.

비바람 몰아치면 방문 닫고서
친한 친구 몇 사람이 모여들 앉지.
기분 좋은 사건, 기분 좋은 이야기론
귀신 이야기와 범 잡는 이야기가 제일이라네.

風閑戶雨閉戶 平生友數人聚
快意事快意說 無過說鬼打虎

서울 사람들이 모여서 재미있게 주고받는 이야기 가운데 가장 흔한 것이 바로 귀신 이야기와 범 잡는 이야기라고 했다. 그가 읊었듯이, 범을 잡는 흥미로운 이야기가 각종 기록에 전해온다. 위에 나온 이야기도 그중 하나이다.

이것은 용맹한 장사가 먼 거리를 추적해 범을 잡은 후 하룻밤 사이에 다시 300여 리 먼 길을 돌아간다는 이야기다. 기운 센 장사의 호쾌한 사연이다. 범을 잡는 이야기 가운데 성대중의 글이 으뜸인데 함께 읽기에 좋다.

    속담에 "호랑이는 하루에 천 리를 간다"는 말이 있거니와 이는 틀림없는 사실이다. 강릉 대화(大和)에 사는 농민이 한여름 풀을 베는 철이라 다음 날 장정을 모아 풀을 베기로 하였다. 술을 걸러 밤에 마시고 방문 밖에서 취해 잠이 들었다. 그런데 한밤중에 범이 지붕을 넘어 들어와서 그 농민을 들쳐 메고 갔다. 횡성 땅에 이르러 술에서 깬 농민은 어쩔 도리가 없어 범이 가는 대로 몸을 맡겨두었다. 읍내의 닭이 시끄럽게 울어대자 닭 울음소리를 싫어한 범은 더 빨리 달렸다. 원주를 지나자 닭이 세 번째 울었다. 곧장 안창(安昌)을 지나 석지령(石地嶺)을 넘었는데 모두 익숙한 길이라 눈에 선하였지만 농민은 계속 죽은 체하고 범 등에 붙어 있었다.
    여주에 이르자 먼동이 트려는 참인데 범은 눈 깜짝할 사이에 강을 가로질러 영릉(寧陵, 효종의 능)으로 들어가 앵봉(鶯峰)으로 올라갔다. 농민을 벼랑에 내려놓고는 굴 앞에서 으르렁거리자 새끼 두 마리가 나왔다. 범은 새끼를 핥고 젖을 먹인 다음 잡아온 사람을 치고 놀리며 생피를 먹일 태세였으나, 새끼들이 먹을 줄을 몰랐다. 범은 지쳐 조금 쉬었다가 농민을 놓아둔 채 어디론가 가버렸다.
    농민은 바로 일어나서 새끼들을 때려죽이고, 높은 나무로 올라가 깎아지른 벼랑을 내려다보면서 허리띠를 풀어 나무에 제 몸을 꽁꽁 묶고 범이 오기를 기다렸다. 조금 지난 뒤 암수가 침을 흘리며 다가와 함께 잡아먹을 태세였다. 범이 와서 보니 새끼들은 다 죽었고, 사람도 사라졌다. 마주보고 웅크리고 앉아 포효하자 온 산이 찢어질 듯했다. 범은 나무 꼭

대기에 매달린 사람을 발견하고서 뛰어올랐다. 거의 잡을 듯했으나 두세 번 뛰자 점점 기운이 빠졌다. 마침 나무꾼들이 사방에서 모여들어 범은 그들을 피해서 가버렸다.

    대화에서 영릉까지는 400리가 넘는다. 범이 하룻밤에 오갔으니 하루에 천 리인들 못 가겠는가? 정신만 차리면 호랑이에게 물려가도 살아날 수 있거늘 다른 것이야 말해 무엇하랴?●

● 성대중(成大中) 지음, 김종태 외 옮김, 『국역 청성잡기』, 민족문화추진회, 2006.

49화

거리의 협객 김오흥
金五興

金五興, 西湖業舡者. 勇力絕倫, 能飛上挹淸樓簷, 掛足於瓦溝, 倒行歷歷, 疾於燕雀. 路見不平, 濟弱扶傾, 如不惜姓命. 故里人莫敢行不義事.

樓簷千尺壓江潯, 飛蹴身如倒掛禽.

扶弱恤窮嗟莫及, 傍人誰有不平心.

김오흥(金五興)은 서호(西湖, 마포)에서 뱃일을 하는 사람이다. 용맹함과 힘에서 따라갈 자가 없었다. 읍청루(挹淸樓)●추녀를 날아

● 서울 용산 강가에 있었던 누정으로 규모가 매우 웅장하고, 한강 일대가 내려다보이던 명승지였다. 『동국여지비고(東國輿地備攷)』와 『한경지략(漢京識略)』에 따르면, 읍청루는 훈련도감 군병의 급료를 지급하는 별영창(別營倉)에 소속된 누각으로서 앞으로 긴 강물이 흘러 경치가 매우 좋다고 하였다. 조선 후기의 대표적인 명승지였는데 현관에는 정조 시대의 명필 조윤형(曺允亨)이 쓴 '제일강산(第一江山)'이란 편액 글씨가 걸려 있었다. 근대에는 세관이나 조선총독부 정무총감의 별장으로 이용되다가 파괴되었다.

올라 기왓골에 다리를 걸고 다녔는데 제비나 참새보다 빨랐다.

길에서 다투는 사람들을 보면 약한 사람을 도와주고 지는 사람을 부축하여 제 목숨도 아까워하지 않았다. 그 때문에 마을 사람들은 감히 의롭지 못한 일을 하지 못했다.

강물을 저 아래 내려다보는
천 자 높이 읍청루 추녀를
새처럼 거꾸로 매달린 채
몸을 날려 차고 다니는 김오흥이!

약자를 돕고 궁한 이를 돌보며
더 잘하지 못한다고 탄식하네.
"주변에 불평한 마음 가진 자
그 누구 없는가?"

성대중은 『청성잡기(靑城雜記)』 「성언(醒言)」에서 "지난날 경박한 협객에 여문익(呂文翼), 이인석(李仁錫) 같은 무리가 있었다. 하는 짓이 도리에 어긋난 것이 많기는 했으나 남의 환난을 제 일보다도 더 중히 여겼고, 길거리에서 불평(不平)한 일을 보면 팔을 걷어붙이고 달려들었다. 그래서 힘없는 자들이 그들 덕분에 힘을 얻었다. 지금은 이런 자도 사라졌다. 귀족이 흥성하고, 협객이 횡행하며, 무인이 호걸답고, 기생이 요염한 것조차 다 성세(盛世)의 일이다"라고 말했다. 협객을 적극적으로 두둔하진 않았으나 의협심을 지닌 인물이 없는 시대를 탓했다.

성대중이 말한 협객은 바로 김오흥 같은 사람이다. 그와 비슷한 사람은 옛 기사에 간혹 나온다. 그 가운데 조희룡의 『호산외기(壺山外記)』에 나오는 장오복(張五福)이 있다. 글에는 다음 대목이 보인다.

장오복은 영조 때 사람으로서 협객으로 소문이 났다. (……) 길을 가다가 사람들이 싸움을 벌이고 있으면 옆에서 구경하였다. 그러다가 강한 자가 약한 자를 능멸하거나 사리에 맞지 않은 주장으로 억지를 부리면 반드시 강한 자를 억누르고 사리를 분별하여 사과를 받아내고 굴복시킨 다음에야 그만두었다. 그래서 사람들이 그를 두려워하였다. 간혹 분쟁이 있으나 주변 사람이 해결하지 못할 때마다 사람들은 "장오복이 온다"고 을러대곤 하였다.

장오복과 김오흥의 행동은 서로 유사하여 당시 협객의 특징을 보여준다.

50화
매점매석으로 망한 팽쟁라
彭綷羅

彭氏富人子也, 家貲十萬, 猶以爲不足, 欲售廢居, 試榷蕫荣.
先散三千緡, 徧買其田收, 自意城中無蕫矣. 至秋叫賣者不絶矣,
益以二千購之, 於是蕫荣果踊貴矣. 民間則以爲安用一錢三箇之
苦蕫哉, 遂無買者. 經冬徂春, 腐朽爲虫, 不得已而投諸水中. 乃
發憤欲復充所失, 觸事狼狽, 家遂赤立. 因病心狂, 以蕫屑塗鼠
朴, 行且啖之. 其家人用綷羅度日, 故市人號彭綷羅.
裂衫隨笠鬢鬖髿, 唧唧行啖鼠子杷.
誰識當年彭十萬, 綷羅家本榷椒家.

팽씨(彭氏)는 부잣집 아들이다. 재산이 10만 냥이나 되는데도 불구하고 오히려 넉넉하게 여기지 않았다. 장사하여 큰 이익을 남기려고 산갓나물의 도거리를 시작했다.

먼저 3천 꿰미를 뿌려 밭 채로 몽땅 사들였다. 이제 한양 성중에는 산갓이 없을 줄 알았는데 가을철이 되자 산갓 사라고 외치는 사람이 끊이지 않았다. 팽씨는 2천 꿰미를 더 보태서 산갓을 사버렸다. 그러자 산갓나물 값이 정말 급등하여 품귀 현상을 빚었다.

그런데 민간에서는 '한 푼에 세 개밖에 못 사는 맛이 쓴 산갓나물을 무엇 하러 쓰겠는가?'라고 생각하여 사는 사람이 아무도 없었다. 겨울을 나고 봄이 되자 산갓은 썩고 벌레 먹어서 하는 수 없이 물속에 내다버렸다. 팽씨는 분통이 터져서 손해 본 것을 벌충하고자 애를 썼으나 하는 일마다 낭패라 결국에는 가산을 탕진하여 맨주먹만 남았다.

병을 얻고 미쳐버린 그는 산갓 가루를 말린 쥐고기에 발라서 씹어 먹으며 돌아다녔다. 그 집안사람들이 평소에는 쟁라(緇羅)로 세월을 보냈기 때문에 시장 사람들은 그를 팽쟁라라고 불렀다.

찢어진 적삼 찌그러진 갓을 쓰고
머리는 헝클어진 채
중얼중얼 걸어가며
말린 쥐고기를 씹는다.

누가 알랴?
그 옛날 10만 냥 부자 팽씨인 줄을.
쟁라 입은 집은 본래
후추를 도거리한 집이었다네.

🌳

후추 도고(都庫)로 부자가 된 팽씨 집안사람이 도고 행위로 망했고, 끝내는 미쳐서 시장을 배회한다는 이야기이다. 이 사람은 시장에서 널리 알려진 부랑자였음에 틀림없다. 이야기의 경과로 보아 개연성이 충분한 실화이다. 시장 사람들이 그의 몰락을 한편으로는 고소하게 여기고 한편으로는 불쌍히 여기는 심경이 드러난다.

조선 후기에는 이렇게 일정한 물건을 매점매석하여 큰 부자가 된 사례가 적지 않고, 그로 인한 폐해가 대단히 커서 사회문제와 정치문제로 비화하기도 했다. 박지원의 「허생전(許生傳)」에도 도고 행위로 일확천금을 노리는 치부 수법이 실감나게 묘사되었다. 구수훈(具樹勳)의 「이순록(二旬錄)」(『패림(稗林)』9, 탐구당, 1970)에는 팽쟁라와는 반대로 도고에 한 번 성공한 후 바로 은퇴하여 평생을 즐기며 산 이영태(李永抬)가 나온다.

이영태는 여항인으로 집안이 몹시 가난하였다. 언젠가 아내가 "남자라면 마땅히 생계를 꾸려나갈 방책이 있어야 하거늘 어째서 팔짱만 끼고 있나요?"라고 핀잔하였다. 이영태는 "손에 쥔 물건이 없으니 어쩌겠소?"라고 답하자 아내가 "돈이 있으면 시도해볼 테요?"라고 물었다. 이영태는 "비록 돈이 있다 해도 이익을 불릴 일이 지금 시대는 없소"라고 답했다. 아내는 한탄하며 "남편이 저 모양이니 가망이 전혀 없다. 내가 직접 해보는 게 낫겠다!"라고 하고는 집을 팔아 300냥을 장만했다.

남편에게 지금 약국의 약초 가운데 제일 값싼 것이 무엇인지 알아오라고 주문했다. 그 무렵 택사(澤瀉)가 가장 값이 싸서 한 근 값이 2문이고, 두 근은 3문, 네 근이면 5문이었다. 남편이 값을 알아오자 아내는 말재간 좋은 사람 열댓 명을 고용하여 여러 약국에 나눠 보내 약초를 사오게 했다. 약국에서는 지극히 값싼 약초이기에 어려워하지 않고 모두 내주었다. 이렇게 여러 날 구매하자 저장해둔 것이 몽땅 바닥났다.

여러 날 뒤 다시 다른 약국에 가서 거짓으로 택사를 팔려 한다고 말했다. 그새 저장해둔 것이 없어서 값이 올라 한 근 값이 8~9문이었다. 그래서 6~7문을 받고 돌려주되 조금만 내주었다. 약국 사람들은 서너 문 값의 이익을 탐내 앞다투어 택사를 샀다. 또 며칠이 지나 다시 택사를 사려고 가자 약국에서 6~7문으로 샀다면서 1전(10문)에 사가라고 했다. 그래서 그 값으로 몽땅 택사를 사들였다. 이후 모든 약국에서 택사가 품귀되어 후한 값으로도 구할 수 없었다. 대엿새 사이에 한 근 값이 20문으로 급등하자 다시 한 근당 10문 남짓으로 약간 내다 팔았다. 그러자 약국 사람들이 앞다투어 사갔다. 또 대엿새가 지나 다시 몽땅 사들였다. 며칠 또는 대엿새 사이마다 사람을 바꿔 보냈고, 많이 사들이고 조금씩 내다 팔았다. 값이 하루가 다르게 올라서 한 달 사이에 마침내 한 근 값이 50문에 이르렀다.

드디어 여러 약국에 "어떤 지방 약국에서 이 약재를 급히 쓰려고 값을 따지지 않고 사려 한다"고 소문을 퍼뜨리며 수십 냥의 돈을 보여주면서 다급히 택사를 구하는 시늉을 했다. 어느 약국이든 보관해둔 것이 한 근도 없는 처지라 비싼 값에 혹해 "이런 때 이 약재를 얻으면 두세 배의 이익을 남기겠다"고 군침을 흘리며 약재가 나타나기를 몹시 고대하였다. 드디어 사다가 쟁여둔 약재를 30~40문에 몽땅 내다 팔았다. 씨가 마른 뒤끝인 데다 지방 약국에서 목마르게 기다린다고 들은 터라 약국 사람들이 다들 약재를 샀다. 그런 뒤에는 다시 찾는 사람이 없었다. 그제야 기만당한 줄 알았으나 어쩔 도리가 없었다.

한 달 사이에 이영태는 수십 곱절의 이익을 남겼다. 드디어 집에 들어앉아서 평생을 잘 보냈다. 이 일은 「화식전(貨殖傳)」에 들어갈 만한 사건이다.

어떤 수법으로 도고를 했는지 전형적으로 보여주는 사건의 개요이다. 이 사건을 기록한 사람조차 비판보다는 부러움 담긴 시선을 던지는 것으로 보아 도고 행위가 횡재의 중요한 수단으로 자리잡은 18세기의 정황을 살필 수 있다.

51화
이야기 주머니 김 옹
說囊

說囊金翁, 善俚語, 聽者無不絶倒. 方其逐句增衍, 鑿鑿中窾, 橫說竪說, 捷如神助, 亦可謂滑稽之雄. 夷考其中, 又皆玩世警俗之語也.

智慧珠圓比詰中, 禦眠楯是滑稽雄.
山鶯野鶩紛相訟, 老鸛官司判至公.

이야기 주머니 김 옹은 고담(古談)을 잘하여 듣는 사람은 누구 할 것 없이 배꼽을 잡는다. 그가 한창 한 대목 한 대목 보태고 불려나갈 때면 착착 핵심을 찌르고 이러쿵저러쿵 잘도 말하여 귀신이 도와주듯 민첩하다. 그러므로 재담꾼 가운데 우두머리라 할 만하다. 다만 이야기의 내면을 냉정하게 살펴보면, 모두가 세태를 비판하고 풍속을 경계하는 말이다.

지혜의 염주알처럼 둥글둥글

끝없이 이어져

어면순(禦眠楯)•은

재담 이야기의 으뜸이다.

꾀꼬리와 따오기가

야단스레 건 소송에서

황새란 벼슬아치

판결이 엄청나게 공정도 하다.••

🌸

    이야기 주머니[說囊] 김 옹(金翁)은 실존 인물이다. 그의 실명은 김중진(金仲眞)으로, 『소은고(素隱稿)』란 문집에 나오는 유명한 재담꾼과 동일인이다. 김중진은 늙지 않았는데도 이가 모두 빠졌기

• 조선 전기의 음담패설집이다. 저자는 취은(醉隱) 송세림(宋世琳, 1479~?)이다. 남녀간 성희를 노골적으로 표현하였다. 저자는 양반 사대부이고, 한문으로 쓰였다. 음담패설을 도색적으로 표현하지 않고 웃음을 자아내도록 해학적으로 처리하여 조선시대 음담패설의 전형을 보여주었다. 후대에 끼친 영향이 크다.

•• 이 사연은 『삼설기』란 단편소설집에 들어 있는 「황새결송」에 그대로 반영되어 있다. 한 시골 부자가 뇌물을 받은 형조 관리 때문에 패할 리가 없는 소송에서 지고 난 뒤 자기가 겪은 황당한 패소를 풍자한 이야기이다. 꾀꼬리와 뻐꾸기와 따오기가 목소리 자랑을 하다가 황새에게 누가 제일 노래를 잘하고 제일 못하는지 우열을 판결해 달라고 부탁했다. 우열과 승부는 너무도 뻔했다. 그러자 당연히 질 수밖에 없는 따오기가 미리 황새에게 뇌물을 주어 시합에서 꽥 소리 한 번 지르고서 일등이 되었다. 너무도 우열이 분명한 새의 목소리 다툼이란 우언을 통해서 뇌물로 송사의 승패가 정해진다는 당시 사법제도의 비리를 풍자했다.

때문에 사람들이 조롱하여 오이무름[瓜濃]이라고 불렀다. 이 이름이 와전되어 외무릅, 오물음(吳物音)으로도 불렀다. 그 외모가 노인의 모습이었기에 『추재기이』에서는 김 옹(金翁)이라고 불렀다. 나이가 많아서가 아니라 그의 용모에 늙은이의 특징이 담겼기 때문이다. 그는 대중을 웃기는 데만 골몰하는 차원 낮은 우스개 재담을 넘어서 세태와 인정을 곡진하게 잘 표현했을 뿐만 아니라, 흥미만을 추구하지 않고 풍자의 기능과 주제의 선명성도 추구했다. 대표적인 레퍼토리가 「세 선비 소원담」이다. 이 유명한 레퍼토리는 후에 『삼설기(三說記)』란 단편소설집의 소설로도 각색되었다. 그는 당시 대중 사회에서 인기 있었던 재담의 최고수로서 오랫동안 그 지위를 유지한 명인이었다.

52화
기인 화가 임수월
林水月

林熙之, 字熙之, 一字水月, 譯士也. 善飮酒, 喜吹笙, 畵蘭竹. 性好奇, 所居庭不旋馬, 鑿池於中, 傍僅容一履, 種荷蓄魚. 當雪後曉月明, 頂雙髻, 被羽衣, 吹笙於第五橋頭, 過者疑其爲仙人也.

羽衣雙髻夜吹笙, 第五橋頭雪月明.

酒氣指間流拂拂, 滿堂蘭竹寫縱橫.

임희지는 자(字)가 희지(熙之)이다. 수월(水月)이란 자도 있다. 그는 역관이다. 술을 잘 마셨고, 생황 불기를 즐겼으며, 난과 대를 잘 그렸다.

그는 기이한 짓 하기를 좋아하는 성품이었다. 사는 집은 말을 돌리지도 못할 만큼 뜰이 좁았으나 거기에 연못을 팠다. 가장자리는 겨우 발 하나 디딜 정도였으나 그 연못에 연꽃을 심고 물고기를 길렀다.

눈이 내린 뒤 새벽달이 환하게 밝을 때면 정수리에 쌍상투를 틀고 깃털 옷을 걸쳐 입고서 제5교 입구에서 생황을 불었다. 지나가는 사람들은 그를 신선으로 착각하였다.

깃털옷 입고 쌍상투를 틀고서
생황을 불던 밤에는
제5교 입구에
달빛 아래 눈이 쌓였지.

술기운이 손가락 사이에서
시원스레 흘러나와
대청 가득 난초와 대를
거침없이 그린다네.

기이한 행동을 보이고 남다른 인생을 살아서 사람들의 입에 오르내린 화가 임희지(1765~?)에 관한 기사이다. 조희룡(趙熙龍)의 『호산외기(壺山外記)』에도 그의 삶이 흥미롭게 기록되어 있다. 조수삼이 기록한 것과 겹치는 대목도 있으므로 함께 읽는 것이 좋다. 여항의 기인 화가로서 임희지의 인물 됨됨이를 이해하는 데 중요하다.

임희지는 자호(自號)를 수월도인(水月道人)이라 하는데 중국어 역관이다. 사람됨이 강개(慷慨)하고 기개와 절도가 있다. 둥근 얼굴에 창끝 같은 수염을 길렀고, 키는 팔 척이라 훌쩍 커서 도인이나 신선의 모습이었다. 술을 좋아하여 식사를 폐하고 여러 날 술에 취해 깨어나지 않는 일도 있었다. 대와 난을 잘 그렸다. 대는 표암(豹庵) 강세황(姜世晃)과 이름을 나란히 하였고, 난은 그보다 뛰어났다.

그림을 그리면 수월(水月) 두 글자를 썼는데 글자를 반드시 이어서 썼다. 간혹 화제(畵題)를 남겼는데 부록(符籙)과 같아 알아보기 힘들었고, 글자의 획이 기이하고 예스러워 인간 세상의 글자 같지 않았다. 생황을 잘 불어 배우는 사람들이 많았다. 집이 가난하여 값나가는 물건이라고는 없었지만 그래도 거문고·칼·거울·벼루는 소장하였다. 소장한 물건 가운데 고옥(古玉)으로 만든 필가(筆架)는 그 값이 7천 전이나 나가 집값의 두 배에 달하였다. 그는 또 첩 하나를 데리고 살았는데, 그는 "내 집에 정원이 없어 꽃을 기르지 못하니, 이 사람이 좋은 꽃 한 송이에 맞먹을 만하지"라고 하였다.

그가 사는 집은 고작 서까래 몇 개로 엮었고 빈 땅이라고는 반 묘(畝)도 안 되었지만 기필코 사방 몇 자 되는 못 하나를 팠다. 하지만 샘을 얻지 못하여 쌀뜨물을 모아 물을 대었기 때문에 빛깔이 뿌옜다. 못가에서 늘 휘파람을 불고 노래하며 "내가 수월(水月)이라 한 뜻을 저버리지 않으리니, 달이야 어찌 물을 가려서 비추리오?"라고 하였다. 다른 책은 소장하지 않고 오직 『진서(晉書)』 한 부만을 가지고 있었다.

일찍이 이런 일이 있었다. 배를 타고 강화도 교동(喬桐)을 향해 가는 중에, 바다 가운데 이르러 비바람이 크게 몰아쳐 거의 건너지 못할 상황이 되었다. 배 안의 사람들이 모두 정신을 잃고 엎드려 "부처님!" "보살님!" "스님!"을 부르며 찾았다. 그러나 임희지는 갑자기 크게 웃으며 벌떡 일어나 검은 구름, 흰 파도 속에서 춤을 추었다. 바람이 멎은 뒤에 사람들이 까닭을 물었다.

"죽는 거야 늘 있는 일이다. 그러나 바다 가운데서 비바람 몰아치는 기이하고 장쾌한 장면은 만날 수 없으니 춤추지 않을 도리가 있겠소?"

그의 대꾸였다.

또 이웃집 아이에게 거위 털을 얻어서 엮어 옷을 만들었다. 밤이 되어 달이 환하게 뜨자 상투를 두 개로 틀고 맨발로 털옷을 입은 채 생황을 불면서 십자로(十字路)를 다녔다. 그 모습을 본 순라군들이 도깨비로 알고 모두 달아났다. 엉뚱하고 미친 행동이 대개 이런 식이었다.

일찍이 나를 위하여 바위 하나를 그려주었다. 붓을 몇 번 휘두르지도 않았는데 바위는 주름 잡히고 결이 있는 영롱한 정취를 갖추었다. 참으로 기이한 솜씨이다.●

● 조희룡(趙熙龍), 『호산외기(壺山外記)』, 아세아문화사 영인본, 1974. 21~24쪽.

53화
범이 보호한 박 효자
朴孝子

孝子, 名志順, 統營將校也. 善養親病, 則有氷鯉雪笋之異. 喪而廬墓, 有虎來護. 故婦人孺子不知其事, 見其出門, 走輒呼曰: "虎公來! 虎公來!"

雪笋氷魚事信哉, 思親八十倚含哀.
廬傍有虎馴如犬, 上塚晨昏護往來.

효자는 이름이 지순(志順)으로 통제사영(統制使營)의 장교이다. 병든 부모를 잘 봉양하여 얼음 속에서 잉어가 튀어나오고 눈 속에서 죽순이 자라는 기이한 일●이 그에게도 일어났다. 부모를 잃

● 효자 이야기로 유명한 사연이다. 『삼국지(三國志)』 「오서(吳書)」에 "맹종(孟宗)의 어머니가 죽순을 좋아하였는데 겨울이라서 죽순을 얻을 수 없어서 대숲에 들어가 슬피 탄식하자 죽순이 돋아났다"라고 하였다. 『진서(晉書)』 「왕상전(王祥傳)」에 "왕상은 효도가 극진하였다. 어머니가 겨울에 생선을 먹고 싶다고 하므로 강에 가서 옷을 벗고 얼음을 깨고 물고기를 잡으려 하자, 잉어 두 마리가 얼음 위로 뛰어나왔다"라고 하였다.

호랑이는 당대 저명한 화가들의 맹호도를 비롯하여 서민들이 그린 민화에 이르기까지
다양한 그림의 소재가 되어왔다. 위 도판은 1786년 수도사 감로탱의 일부로,
호랑이가 탱화에서도 그려질 만큼 당대 사람들의 관심 대상이었음을 알 수 있다.

고 여막(廬幕)살이를 할 때에는 범이 다가와 그를 보호하였다. 그렇기에 자초지종을 모르는 아낙네며 아이들이 그가 문밖을 나서면 달아나면서 "호공(虎公)이 온다! 호공이 와!"라고 외쳐댔다.

  눈 속에서 죽순이 자라고 얼음 속에서 잉어가 나온다는
  사연은 실화이지.
  어버이를 그리워하여
  여든 살인데도 여전히 슬픔을 머금고 사네.

여막 옆에는 범이 나타나
개처럼 그에게 순종하며
무덤에 올라가는 아침저녁마다
오가는 그를 보호한다네.

🐾

  천지신명을 감동시킨 효성 지극한 자녀들의 사연은 너무도 많고 다양하여 일일이 기록하지 못할 지경이다. 범이 효자를 보호한다는 사연도 한 가지 유형으로서 과거에는 널리 퍼져 있었고 기록에도 상당히 많이 전한다. 대표적인 사연으로 『청구야담』에 「여막살이하자 효성이 샘과 범을 감동시키다[廬墓側孝感泉虎]」라는 글이 실려 있다. 그 가운데 범과 관련한 일부를 여기에 옮긴다.

  성종 때 호남 흥덕현(興德縣) 화룡리(化龍里)에 오준(吳浚)이란 사람이 있었는데 양반이었다. 부모님을 효성으로 모셨는데 부모님이 돌아가시자 영취산(靈鷲山)에 묘를 쓰고 묘 옆에서 여막살이를 했다. (……) 여막이 깊은 산중에 있어서 범과 승냥이의 집이요 도적떼의 소굴이라 집안사람들이 몹시 걱정하였다. 소상(小祥)이 지난 뒤 하루는 갑자기 큰 범이 나타나 여막 옆에 웅크리고 앉았다. 오준이 범에게 "네가 나를 해치고자 하느냐? 피할 도리가 없으니 네 하고픈 대로 맡긴다만 나는 아무 죄도 없다!"라고 말했다. 그 말에 범은 그저 꼬리를 흔들고 머리를 수그린 채 꿇어 앉아 마치 공경하는 자세를 취했다. 오준이 "나를 해치지 않는다면 왜 아니 가느냐?"라고 하자 범은 바로 문밖으로 나가 엎드린 채 자리를 뜨지 않았다. 그 뒤로 범은 날마다 그렇게 했다. 심지어는 가축으로 부리는 개나 돼지처럼 오준은 범과 가까워지기까지 했다. 범은 초하루와 보름날이면 반드시 큰 사슴이나 멧돼지를 여막 옆에 갖다놓아 제수로 쓰게 했다. 1년 동안 한 번도 거른 적이 없었다. 범 때문에 맹수와 도적이 자취를 감췄다. 오준이 상복을 벗고 집으로 돌아오자 범도 그제야 그곳을 떠났다. 그 외에도 효성으로 인해 생겨난 기이한 일이 많으나 샘물이 옮겨서 솟아난 일과 범의 일이 가장 두드러진다.

효자의 사연에 범의 신비감을 결합한 오준이나 박 효자 유의 이야기는 당시 사람들의 입에서 입으로 널리 퍼졌다.

54화
범이 된 무사 배 선달
裴先達

　裴先達, 安城武擧也. 年三十餘, 每夜出, 向曉方還, 身尙濕而睛漸紅. 其妻怪之, 潛尾往見, 入群虎叢中, 亦化爲虎. 妻乃大驚叫呼, 則群虎驚散, 裴先達亦走矣. 自後鄰里有虎至, 輒呼裴先達來, 則俛首貼耳, 似有慚愧, 疾躍而去.

　虎榜榮名變虎身, 金瞳鐵爪暎霜霙.
　相逢輒呼裴先達, 猶解羞生遠避人.

　배 선달(裴先達)은 경기도 안성의 무과 급제자이다. 30여 세가 되었을 때 매번 밤이면 집을 나갔다가 새벽에 돌아왔는데 몸이 늘 젖어 있고 눈동자가 점차 빨갛게 물들어갔다. 아내가 괴상하게 여겨 몰래 뒤를 밟아 따라갔더니 호랑이 떼 속으로 들어가서는 몸이 호랑이로 변신하였다. 아내가 크게 놀라 외마디 소리를 질렀더니 호랑이 떼가 놀라 흩어졌고, 배 선달도 도망하였다. 그런 후부터 이웃 마을에서 호랑이가 나타날 때마다 "배 선달이 왔구나!"라고 외치면 머리를 수그리고 귀를 뒤로 바짝 붙이면서 부끄러워하는 몸짓을 취하고 냅다 뛰어가버렸다.

    무과에 급제하여 영예를 지닌 무사가
    호랑이 몸으로 변신하여
    황금빛 눈동자와 쇠 같은 발톱으로
    번쩍번쩍 빛을 쏘네.

    마주칠 때마다
    배 선달이라고 부르면
    그래도 부끄러운 줄을 알아
    사람을 멀리하고 피한다네.

인간이 범으로 변한다는 설화는 고대부터 끊임없이 생산되었다. 특히 조선시대에는 범에 얽힌 다채로운 전설과 사연이 무수히 많았는데 배 선달 기사도 그 가운데 하나이다. 무인이 범으로 변했다는 변신설화의 하나로서 유사한 전설이 당시에 꽤나 많이 유행했다.

비슷한 시기 경기도 안산의 지식인인 유경종(柳慶種)이 시에서 범이 사람으로 변신했다는 전설이 마을에 떠돈다고 했을 만큼 널리 퍼진 이야기이다. 비현실적인 전설을 조수삼이 『추재기이』에 수록한 이유는 그만큼 배 선달 이야기가 대중들 사이에서 실화로 거듭 전해졌기 때문이다.

호랑이로 둔갑한 무사의 전설은 현대까지 이어진다. 충청북도 영동군 양강면에서 1982년에 채록된 전설에 따르면, 양강면 거칠미에 사는 조 생원(趙生員)이 저녁만 먹으면 사라졌다가 새벽이면 돌아왔다. 부인이 의심스러운 나머지 미행을 했는데 달빛 아래서 이상한 책을 읽고 범이 되는 것이었다. 그 책이 없으면 둔갑하지 않을 것으로 생각하여 불로 태우자 그날부터 남편이 돌아오지 않았다. 그 뒤 장성한 아들이 여물통 옆에서 울고 있는 호랑이를 봤다고 말하자 부인은 자기가 책을 태워버려 남편이 다시 인간이 되지 못한다고 후회했다. 한편 호랑이로 둔갑한 왕 선달 이야기도 다른 지역에서 전승되는데, 배 선달 이야기와 유사하다. 장조(張潮)가 편찬한 『우초신지(虞初新志)』에도 서방(徐芳)의 작품 「범으로 변한 이야기[化虎記]」가 실려 있는데 아주 흥미롭다.

55화
입으로 온갖 소리를 내는 박 뱁새
朴鷦鷯

鷦鷯之兄, 號曰鸛俠, 爲其長腿多力也. 鷦鷯身不滿三尺, 貌小如五六歲兒, 故號曰鷦鷯. 鷦鷯有口技, 口而笙簫, 鼻而琴阮, 一時幷奏, 比聲諧律, 世以爲絶品伶部.

非歌非嘯遏雲霄, 鼻有琴琶口管簫.
俠藪佳聲添笑話, 阿兄鸛鶴弟鷦鷯.

뱁새의 형은 황새 장사라고 불리는데 넓적다리가 길고 힘이 세기 때문이다. 박 뱁새는 키가 채 3척이 되지 않고 얼굴이 대여섯 살 난 아이처럼 작기 때문에 뱁새라고 불린다. 뱁새는 구기(口技)를 잘해서 입으로는 생황과 퉁소를 불고, 코로는 거문고와 비파를 연주한다. 악기를 동시에 함께 연주하되 성율에 들어맞고 화음을 잘 이루므로 세상에서 최고로 빼어난 악대라고 칭송받았다.

노래도 아니요 휘파람도 아닌데

구름 위 하늘까지 음악이 솟아오른다.
코에서는 거문고와 비파
입에서는 생황과 퉁소.

협객 소굴의 멋진 음악에
우스갯소리까지 따라다닌다.
"형님은 황새요
아우는 뱁새라네."

구기는 입으로 소리를 내어 연출하는 기예이다. 한 사람이 여러 사람의 목소리를 비롯하여 각종 음향, 새나 짐승의 갖가지 소리를 흉내 내어 청중을 사로잡는다. 성희(聲戱), 구희(口戱), 격벽희(隔壁戱), 초성(肖聲), 상성(相聲)으로도 불렸다. 일종의 성대모사지만 아마추어의 서툰 재능에 그치지 않고 대중을 상대로 공연하는 전문 기예이다. 조선 후기에는 대중적으로 큰 인기를 끌어, 널리 공연된 대중예술의 대표 장르 중 하나가 되었다. 박 뱁새는 그중에서도 명성이 높았던 대중 예술가의 한 사람이다.

56화
기생들이 총애하는 이총각
李總丱

　總丱, 李文成之庶裔. 無他能, 能爲府諸妓之所厚, 入城爭邀致, 而飫酒食, 都服着.
　時食時衣美酒杯, 無財身世又無才.
　佳人亦重先賢裔, 爭說儂家總丱來.

　총각은 문성공 이이(李珥) 선생의 서출(庶出) 후예이다. 특별한 재주가 없으나 한성부의 많은 기생들에게 후한 대접을 받는 재주는 있었다. 총각이 성안에 들어오면 기생들은 다투어 그를 데려다가 술과 음식을 실컷 먹여주고 멋진 옷을 입혀준다.

　철따라 먹을거리에
　옷가지와 좋은 술까지……
　재물도 없는 주제에
　재능도 볼 것 없건만.

선현의 후예를 대우할 줄은
미인들도 아는지
다투어 말한다.
"우리 집 총각이 온다!"고

🌸

　기생들에 빌붙어 사는 인간 군상 가운데 한 사람을 포착하였다. 이총각은 일반인의 상식으로는 이해하기 어려운 존재이다. 율곡 선생의 서출 후예라는 것을 빼놓고는 내놓을 게 아무것도 없다. 기생들에게 대가 없이 무조건 후한 대접을 받는 이유가 율곡 선생의 후예라는 것도 허울 좋은 명분처럼 느껴진다. 기생들의 마스코트 같기도 하다. 조선시대에는 남자가 비록 가난하더라도 기생들이 자원해서 몸을 바치려는 것을 화간(和奸) 또는 화간(和間)이라고 불렀다. 용모와 재능, 권력과 부가 기생들이 남자를 선택하는 일반적 기준이지만, 조수삼은 이총각을 통해 그런 기준에서 벗어나는 예외도 있음을 보여주었다.

57화
벙어리 조방꾼•
啞挈閒

啞子姓崔, 善形語. 爲官妓私娼都管領, 日邀豪富子弟, 醉花眠柳. 平生無一言失信, 故風月男女, 無不愛者. 被服財資, 雖貧而無間於諸子弟.

若曰黃昏有美兮, 指圍如日睇橫西.

逢人獨把花枝笑, 少年爭猜沒字謎.

벙어리는 성이 최씨로 용모도 준수하고 말재간도 뛰어나다. 관기(官妓)와 사창(私娼)을 거느린 두목으로서 날마다 세도가와 부잣

• 방한(幇閒)은 원대(元代) 이래 희곡과 소설에서 관료나 부호들의 보살핌을 받는 식객을 가리켰다. 그들은 부잣집 주인들이 바둑을 두고 책을 읽고 그림을 그릴 때 곁에서 도와주어 주인의 여가 생활에 동반자 노릇을 하였다. 후에는 기녀에게 오입쟁이를 연결시켜주는 중개인 노릇을 하는 자를 가리키기도 했다. 방한과 같은 일을 하는 사람을 조선 후기 사회에서는 조방꾼이라고 불렀다. 그들을 박지원은 '조방(助房)'이라 표현했는데 일반적으로는 '조방(助幇)'이라 썼다.

기방 안에서 여유롭게 즐기고 있는 서생들과 기방 밖에서 멱살 드잡이를 하는 서생들의 대비된 모습이 인상적인 김홍도의 「기방풍정(妓房風情)」. 18세기, 프랑스 기메 국립동양미술박물관 소장.

집 자제들을 불러 모아 꽃에 취하고 버들에 드러눕게 만들었다. 한평생 한마디라도 신의를 저버린 언행을 한 바 없기에 바람기 있는 남자와 여자들 가운데 그를 아끼지 않는 자가 없었다. 그는 비록 가난했지만 입는 옷과 쓰는 재물이 저들 자제들과 차이가 없었다.

"황혼 무렵에 미인이 있답니다!"
말하려는 듯
손가락을 해처럼 오므리고
시선을 서쪽으로 돌리네.

사람을 만나면 그만은
꽃가지를 잡고 웃나니
젊은이들 앞다투어
글자 없는 수수께끼•를 풀고 있네.

기방의 조방꾼 최씨를 묘사하였다. 오입쟁이를 기생에게 연결시켜주는 조방꾼 세계에서 탁월한 능력을 발휘한 자이다. 그에게는 벙어리 조방꾼이란 별명이 붙었는데 남녀간 은밀한 거래의 비

• 글자 없는 수수께끼[沒字謎]는 한자를 이용한 수수께끼[字謎]와 달리 한자가 없이 몸짓과 손짓 따위로 의사를 표현하는 수수께끼이다.

밀을 완벽하게 지켜주기 때문이었다. 고객과의 신뢰를 철저히 지키고 거래도 말보다는 신호로 해주었다. 연암 박지원의 「광문전 뒤에 쓴다」란 글에 작은아기[小阿其]란 이름의 기생과 최박만(崔撲滿)이란 이름의 조방(助房)꾼이 한양에서 최고의 명성을 누린다고 밝혔는데, 여기의 벙어리 조방꾼 최씨와 동일 인물일 가능성을 점쳐 볼 수 있다. 기방에서 조방꾼의 역할이 무엇이고, 그런 세계에서 최고의 명성을 얻은 사람이 누구인지를 이 기사는 잘 보여준다.

58화
압록강을 지킨 박동초
斑豹子

朴東初, 江州武士也. 善弓砲, 多膂力. 常爲防守將, 偸採人蔘者, 不敢過鴨綠江, 相戒曰: "過江, 避斑豹子!" 謂東初面甚麻也.
弦聲驚殺獵貂群, 四郡山川指掌分.
最是朝鮮斑豹子, 挖蔘休近綠江濆.

박동초(朴東初)는 평안도 강계(江界)의 무사이다. 활과 총을 잘 쏘았고, 팔 힘이 아주 셌다. 그가 방수장(防守將)으로 있을 때에는 인삼을 몰래 캐는 중국인들이 압록강을 감히 건너지 못하고 서로에게 조심을 시키며 "강을 건널 때에는 반표자(斑豹子)를 피하라"라고 했다. 박동초의 얼굴에 심한 마마 자국이 있어서 한 말이다.

활시위 소리가 나면
담비 가죽 사냥꾼 무리의 간담이 서늘해지니
네 개 군•의 산천을

손금 보듯이 훤히 꿰고 있네.

조선의 반표자가
가장 무서우니
산삼을 캐더라도
압록강가에는 접근하지 말게나!

🌸

압록강 국경 지대에서 산삼을 캐러 몰래 들어오는 중국인을 막는 방수장 박동초(朴東初)의 업적과 위세를 예찬하였다. 박동초를 사료에는 박동초(朴東楚)로 쓰기도 하였다. 그는 강계 지역 국방의 전설로 전해지는 실존 인물이다. 조수삼은 1816년 강계에서 근무할 때 박동초의 위업을 듣고서 그의 행적을 『추재기이』에 썼다. 그는 또 압록강 너머 중국인들에게 월경을 경고하는 글을 지어 보낸 뒤 쓴 시에서도 박동초의 행적을 칭송하였다. 『추재집』 권2에 "내가 좌채(左寨)에 있을 때 글을 지어 저들에게 고시(告示)하였다. 근래 점차 물러나 돌아간다고 들었기에 기뻐서 이 시를 짓는다(余在左寨, 作文告示彼人, 聞近漸退歸, 喜賦此詩)"라는 시가 수록되어 있다.

• 조선 전기에 북서 방면의 여진(女眞)을 경략하기 위해 압록강 상류에 설치한 여연(閭延)·자성(慈城)·무창(茂昌)·우예(虞芮) 등 4개 군으로 세조 때 폐지하여 구성과 강계 등지로 주민을 이주시켰다. 이들 지역을 후에도 사군으로 불렀다.

나라 법에 도끼로 무섭게 징벌한다 하니
교만한 되놈들도 경고문을 겁내네.
야만인을 겁주었으나 이백(李白)은 아니요
촉(蜀) 백성을 달랜 사마상여(司馬相如)에게 부끄럽다.
어찌 내 문장이 좋아서랴?
오로지 임금님 지시를 받든 결과이지.
항암(項岩) 아래 강에서 적을 섬멸했다는
박동초 장군은 위대하도다!

王法森鈇鉞 驕奴畏尺書
嚇蠻非李白 喩蜀愧相如
豈謂文章好 惟承指授餘
項江鏖戰處 壯矣朴東初

마지막 구절에는 "박동초는 강계의 무사이다. 용맹하고도 지략이 있었다. 해마다 방수장의 두령이 되어 산삼을 캐러 오는 되놈을 많이 죽였기에 되놈들이 두려워하여 지금까지도 항암 아래 강을 건너가지 말라고 경계한다(朴東初, 江之武士, 勇且智, 歲爲防守將領, 多殺蔘胡. 胡人畏之, 至今戒不過項江)"라는 주석이 달려 있다. 『추재기이』의 서술과 상당히 비슷하다.

한편 성해응(成海應)의 『연경재전집(研經齋全集)』 외집(外集) 권51에 실린 「사군고(四郡考)」는 이 지역의 역사와 지리를 종합 분석한 저작인데, 여기에도 박동초의 사적이 실려 있다. 정조는 1793~

94년에 강계 지역을 문관과 무관이 함께 면밀히 정찰하게 했는데, 이때 원영주(元永胄)가 고산리첨사(高山里僉使) 신분으로 갔다가 일기를 남겼다. 그 가운데 14일 조는 중강진 지역을 정찰한 기록인데, 다음과 같은 대목이 보인다.

   (중강진) 강변에는 대단히 기이한 바위가 있는데 항암(項岩)이라고 부른다. 사방에 군졸을 숨길 만하다. 따라서 저들이 배를 타고 왕래할 때도 이곳에 사람을 숨겨놓은 줄을 모른다. 정유년(1777, 정조 1년)에 저들 300여 명이 배 열두 척을 타고서 강물을 거슬러 강을 건너려 하였다. 방호장(防胡將)인 전 만호(萬戶) 박동초와 전 좌수(座首) 강정제(姜正齊)가 조총수 100여 명을 바위 아래 매복시켰다가 배가 이르자 일제히 총을 발포하여 거의 섬멸했다. 나머지 사람들은 스스로 물에 빠져 죽었다. 또 이파(梨坡) 앞강에서도 포를 쏴서 섬멸하여 겨우 네댓 명만 살아 돌아갔다고 한다.

이 기록에 의하면 박동초가 혁혁한 전과를 올린 사실이 명확하다. 조선 후기 사군 지역의 방수(防守) 사례와 변경 개척 상황을 조정에 보고한 병영(兵營)의 보고서를 편집한 『강주변정휘편(江州邊情彙編)』에도 만호 박동초와 포군(砲軍)들의 활약으로 배를 타고 강을 건너온 중국인들을 물리친 전과가 상세히 적혀 있다. 이렇게 박동초의 업적은 상당히 널리 알려진 사실이었다.

그로부터 40년 뒤인 1814년 8월 5일 강계부사 김계하(金啓河)가 조정에 올린 상소문에서 다시 박동초의 전과와 공훈을 언급하며 그들을 표창해달라고 건의하였다.

　　병신년(1776) 죽은 만호 박동초는 비분강개하게 국경을 방어하여 압록강을 가로질러 힘써 싸웠습니다. 앞뒤로 소탕한 적의 수가 몇 명인지 모릅니다. 저들도 그를 범인 양 무서워하여 그를 박 장군이라고 부릅니다. 박동초가 살아 있을 때에는 저들이 감히 강가에 머리를 내밀지 못했습니다. (……) 이 두 사람이 세운 공훈이 정말 어떠합니까? 그렇지만 몸도 이름도 묻혀 뒷일이 처량하므로 고을 사람들이 안타까워하며 행인들조차 눈물을 훔칠 지경입니다. 비록 일이 두 나라에 관련되어 틈이 벌어질까 염려되나 이러쿵저러쿵 핑계를 대어 한결같이 덮어둔다면 군사를 어떻게 격려하고 방어를 엄중히 할 수 있습니까? 방어하지 않는다면 그만이지만, 엄중히 방어하고자 한다면 격려하고 권하는 것이 가장 낫습니다.

　이 상소문은 『일성록』에 실려 있다. 박동초가 전과를 올린 지 수십 년이 지난 후에도 지역 사람들의 머릿속에 그의 업적이 각인되어 있었음을 알 수 있다. 이 상소문을 올린 비슷한 시기에 조수삼이 강계 현지에서 박동초에 관한 자세한 사실을 들었을 것이다. 조수삼은 자신의 기록을 통해 국경을 방어한 위대한 장군의 행적이 사람들의 기억에서 잊혀지지 않고 역사에 새겨지기를 소망하였다.

59화
오입쟁이에게 사기친 조방꾼 이중배
李仲培

李仲培挈閒袖領, 嘗約行中子弟十人, 人釀千錢曰: "今夜有一國色可狎, 以千錢作接風杯!" 人人如是, 而不令相知也. 及夕, 十人者皆至, 見油窓如水, 燈火青熒, 有影嬋娟. 人人各自以爲: '彼九人者, 胡爲乎來, 敗乃公事!' 仲培咄咄詈語, 頻出頻入, 則又皆以爲仲培亦惡九人也. 於焉而雞鳴矣, 漏盡矣. 仲培以薄酒草具, 麾以送之, 十人者猶不知其墮其術中.

十箇兒郞坐不廻, 隔簾花影乍徘徊.

行中尙有三毛釀, 騙局相傳李仲培.

이중배(李仲培)는 조방꾼 무리의 우두머리이다. 일찍이 오입쟁이 젊은 사내 열 명과 한 사람당 1천 전씩 각출하기로 약속을 정하고 "오늘 밤에 끼고 놀 만한 국색(國色)이 한 사람 나옵니다. 1천 전으로 국색을 만나볼 술자리를 하시죠!"라고 하였다. 한 사람 한 사람에게 이렇게 따로 말해서 서로들 눈치채지 못하게 하였다.

밤이 되어 약속한 열 명이 다 도착하였다. 기름 바른 창호지는 물처럼 투명하고 등불 빛이 파르스름하게 비추는 방 안에서 곱고도 아리따운 미인의 그림자가 어른거렸다. 사람마다 제각기 "저 아홉 놈이 어째서 지금 와가지고 이 어르신의 일을 망쳐놓는단 말이냐!"라고 생각하였다. 이중배는 쯧쯧 혀를 차면서 욕지거리를 해대고 뻔찔나게 드나들었다. 이중배도 나머지 아홉 놈을 미워하고 있다고 다들 생각하였다.

이윽고 새벽닭이 울고 밤이 다 새버렸다. 이중배는 막걸리에 간단한 안주를 차려낸 다음 손사래를 쳐 오입쟁이들을 돌려보냈다. 열 명의 사내는 그때까지도 이중배의 술책에 말려들었다는 낌새도 눈치채지 못했다.

오입쟁이 열 놈이
붙어 앉아 돌아가지 않을 때
주렴 너머 언뜻언뜻
꽃 그림자 어른거린다.

그들에게 그래도
박주산채 대접했다는
이중배의 한판 사기술이
지금껏 전해온다.

천하절색과 하룻밤 즐기도록 주선하겠다고 꼬여 열 명의 오입쟁이에게 사기를 친 조방꾼 이중배의 실화이다. 조방꾼은 도회지 색주가(色酒家)에 기생하는, 기생과 오입쟁이의 풍류를 거간하는 사람이다. 그런 조방꾼 사회에서 전설이 된 이중배의 사기 사건에 초점을 맞추었다. 이중배가 한 사람에게 받은 비용 1천 전은 열 냥이므로 열 명에게 한꺼번에 100냥을 받아낸 것이다. 100냥이면 당시에는 아주 큰돈으로, 서울에서 허름한 집 두 채를 살 만한 거금이었다. 오입쟁이에게 사기를 한판 멋지게 쳐서 하룻밤에 거금을 손에 쥔 이야기 자체가 대단히 흥미롭다.

60화
노처녀 삼월이
洞口三月

'處女多匹, 洞口三月.' 此漢陽謠言, 爲三月作也. 三月年五十, 常作處女粧, 賣餠餳, 買脂粉, 備朝夕粧, 盖人盡夫也. 嘗醉之, 懸 諴下, 手批其頰曰: "三間草屋, 尙有奪入之律, 況九重宮闕乎! 汝非徒賊也, 眞愚也."

鷹鸇夷性畫蛾眉, 藁諴當前批頰兒.
破屋三間禁奪入, 九重城闕乃能窺.

"처녀인데 남편이 많다는
동구 밖 삼월이."

이 노래는 한양 민요로 삼월이 때문에 만들어졌다. 삼월이는 나이가 오십인데 늘 처녀처럼 치장하고서 떡과 엿을 팔아 지분(脂粉)을 사서 아침저녁 화장품을 장만했다. 왜냐하면 온 세상 남자가 다 제 남편이었기 때문이다.

언젠가 술에 취해 역적의 목을 잘라 매달아놓은 곳을 지나다가 손으로 그 뺨을 치면서 말했다.

"삼간초옥(三間草屋)일지라도 침탈을 금하는 법이 있거늘● 구중궁궐이야 말해 무엇하겠느냐? 네놈은 역적이라기보다는 진짜 바보다."

매 같은 성미로
눈썹을 그리고
매달아놓은 목을
앞에 두고 뺨을 후려친다.

"부서진 삼간초옥도
침탈을 금하거늘
감히 구중궁궐을
엿보려 하다니!"

삼월이는 한양 어느 마을의 동네 입구에 사는 노처녀이다. 나이가 무려 쉰인데도 노처녀이다. 그러나 처녀처럼 화장하고서 떡과

● 이른바 여가탈입(閭家奪入)을 금지하는 조선 후기의 법령을 가리킨다. 조선 후기에는 한양의 주택난이 극심하여 권세를 지닌 양반 사대부가 일반 시민의 집을 강점하는 불법이 자행되었다. 이를 방지하기 위해 형조와 한성부에서 지속적으로 불법을 단속했다.

엿을 팔아 생계를 유지했다. "온 세상 남자가 다 내 남편"이라고 말할 수 있는 당당함이 일반 노처녀와는 달랐다. 노처녀와 노총각이 늘어나는 것은 당시의 심각한 사회문제였는데 삼월이의 경우에는 직접 생계를 꾸려나감으로써 문제를 해결하였다.

61화
시 도깨비가 붙은 촌 아낙
酒泉婦

  原州酒泉金佃農戶而婦姓曰李, 皆蠢蠢小家也. 一夕風雪甚大, 半夜有開戶入者, 視之無人, 有聲曰: "吾怕寒而托爾家." 朝起, 金李俱如醉如顚曰: "有能詩者來, 與吾酬唱!" 人異之, 試令賦織席詩, 則婦卽吟曰: '衆兵乘一馬, 十日不能行. 跨半銀鞍重, 飄長玉帶輕. 五六忘記. 事了收功課, 高堂坐處明.' 於是原之人士日至, 自冬至春, 得詩三百餘首. 詩皆淸新警發, 有非人工所可致者, 而惜其散落無傳. 有句曰: '尖尖黃小聚, 瑣瑣白團明.' 人問: "黃小白團, 不知爲何物?" 婦曰: "黃小魚婢也, 白團常山花也." 如此類甚多, 蓋乩仙之托於人者也. 一日告曰: "吾去矣!" 自此, 金李如醉醒, 而竟不辨詩字, 亦不知出於其口也.

  織婦斷機夫撤耕, 閉門相對語咿嚶.

  乩詩三百奇緣滿, 本色還他不識丁.

원주 주천(酒泉)에 사는 김씨는 농사짓는 머슴인데 그 마누라는 이씨 성을 가진 여자였다. 모두들 무식하고 비천한 사람들이었다. 눈보라가 몹시 심하게 치던 어느 날, 한밤중에 누군가 문을 열고 들어왔는데, 아무리 봐도 사람은 보이지 않고 다만 "추위가 겁이 나서 너희들 집에 잠깐 의탁해 머물러야겠다"는 소리만 들렸다. 아침에 일어났을 때 김씨와 이씨는 모두 술에 취한 듯, 정신이 나간 듯하더니 입에서는 "시를 지을 수 있는 자는 나와 시를 주고받자!"는 말이 나왔다.

  사람들이 이상하게 여겨 시험 삼아 '돗자리를 짜다' 라는 제목을 내어주고 시를 지어보라고 하였다. 그러자 마누라가 바로 시를 지어냈다.

  많은 병졸들이
  말 한 마리에 올라타니
  열흘이 돼도
  길을 떠나지 못하네.

  중간에 걸쳐놓은
  안장은 무겁지만
  길게 휘날리는
  허리띠는 가볍구나.

  (중간 구절은 잊어버렸다.)

일을 끝내고
물건을 거두자
높은 마루
앉은 곳이 환하다.

그런 뒤로 원주 인사들이 날마다 찾아왔고, 그들은 겨울부터 봄에 이르도록 시 300여 수를 지었다. 시는 모두 청신(淸新)하고도 재치가 있어 사람의 능력이나 노력으로 지을 만한 작품이 아니었다. 안타깝게도 시는 흩어져서 전해지지 않는다.
그들이 지은 시구 가운데 다음과 같은 구절이 있다.

뾰족뾰족 모여 있는
노랗고 작은 것
오밀조밀 빛나는
희고 둥근 것.

누군가 "노랗고 작은 것과 희고 둥근 것이 대체 어떤 물건이요?"라고 물었다. 마누라가 "노랗고 작은 것은 작은 물고기이고, 희고 둥근 것은 좁쌀꽃[常山花]•이지요"라고 답하였다. 이런 따위

• 원문은 상산화로 이 꽃에 대해서 신경준은 "꽃이 작고 가늘어서 좁쌀밥을 흩어 놓은 듯하다. 그래서 세속에서는 좁쌀꽃이라고 부른다"(『여암유고(旅菴遺稿)』 권10, 「순원화훼잡설(淳園花卉雜說)」, '상산(常山)'. 문집총간 231집)라고 설명했다.

가 아주 많았다. 아마도 도깨비˙가 사람에게 붙은 것이리라. 하루는 "나는 떠나겠다!"라고 말했는데, 그로부터 김씨와 이씨는 술에서 깬 듯하였다. 시의 글자를 분간하지도 못할 뿐만 아니라 자기 입에서 시가 나온 줄도 몰랐다.

아낙은 베를 자르고
지아비는 밭 갈기를 그만두고서
문을 닫고 마주 본 채
중얼중얼 시를 읊조리네.

도깨비 시 300편을 짓자
기이한 인연이 채워졌네.
제 본색을 드러낸 뒤로는
낫 놓고 기역자도 몰랐네.

문맹자에게 시를 잘 짓는 도깨비가 붙어 귀신의 삶과 활동을 묘

● 여기서 도깨비라고 한 말의 원문은 계선(乩仙)이다. 신선의 일종으로 기선(箕仙)이라고도 한다. 또 자고(紫姑)라고도 하고, 측간 귀신이라고도 한다. 길흉을 점칠 때 무당에게 사역되는 신선으로서 시를 빨리 잘 짓는 재주를 가졌다. 중국에서는 당송(唐宋) 이래 이 신선과 관련한 전설이 풍성하다. 사조제(謝肇淛)의 『오잡조(五雜組)』에서 "귀신 가운데 기선이란 종류가 있는데 사람과 말을 통하고 신통력을 보이며 시도 짓는다"고 하였다. 이익(李瀷)은 『성호사설(星湖僿說)』에서 계선에 대해 못된 장난을 치는 도깨비의 일종이라고 했다.

사한 시를 자유자재로 짓는 괴변을 묘사하였다. 일종의 빙의(憑依) 현상을 겪은 특이한 사건이다. 매우 허황한 일로 보이나 조선과 중국의 야사나 사대부 대화에서는 비슷한 일화가 제법 많이 등장한다. 무지한 자에게 도깨비가 붙어 시를 잘 짓게 되었다는 사연이 조선시대 시화(詩話)에도 흔히 보인다. 그만큼 사대부들의 관심거리였음을 뜻한다. 조수삼도 그 가운데 유명한 사례 하나를 기록으로 남겼다.

이를 반영하여 이규경(李圭景)은 『오주연문장전산고』에 「기선변증설(箕仙辨證說)」을 비롯한 여러 편의 글을 통해 이 귀신의 유래와 특징, 다양한 사례를 상세히 설명했다. 이규경의 할아버지이자 조수삼의 스승인 이덕무도 이에 관심이 깊어 반정균(潘庭筠)에게 보낸 편지에서 "마치 질풍처럼 붓을 내둘러 시를 빨리 짓더라도 말과 뜻이 원만하게 이루어진다"는 기선(箕仙)의 정체가 무엇인지를 물었다. 이규경은 동시대에 발생한 유사한 현상을 『시가점등(詩家點燈)』에 기록하였다. 1828년 경상도 풍기군 의여곡(義如谷)에 살던 황(黃) 아무개에게 지리산 귀신이 붙어서 시를 지었고, 비슷한 시기에 평안도 사람인 송의홍(宋義弘)에게도 귀신이 붙어 시를 잘하게 됐다는 이야기를 소개했다.

한편 이규경은 시 잘하는 도깨비가 빙의한 현상의 모델로 조선 전기 사람인 이익수(李翼壽)의 경험을 들었다. 이 내용은 김휴(金烋)의 『해동문헌총록(海東文獻總錄)』에 실려 있는데 이런 현상을 이해하는 중요한 사료이므로 여기에 옮겨 싣는다.

이익수가 길에서 푸른 옷을 입은 동자를 만났는데, 나이가 얼추 열두세 살로 보였다. 제 입으로 바다의 선인이라고 말하였다. 그와 이야기를 해보고서 이익수는 크게 기뻐하였는데, 동자는 밤에 돌아갔다가 아침이면 찾아왔다. 이로부터 이익수는 문장과 글씨가 날로 좋아져 붓을 잡으면 바로 글이 지어졌다. 그가 지은 작품이 천여 편에 이르렀다. 그러나 아들과 조카들이 어려서 거의 흩어져버리고 겨우 약간의 편만 수습하여 한 권의 책으로 만들어 『자연당집(自然堂集)』이라는 제목을 붙였다. 자연당(自然堂)은 신선의 자호(自號)였다. 그 가운데 「삼청정기(三淸亭記)」나 「오가사기(五可寺記)」 따위의 기문은 인간의 재주로는 미칠 만한 작품이 아니다. (……) 이익수의 아버지가 귀신에게 해를 입을까 두려워 갖가지 방법으로 쫓아내자 선인은 눈물을 줄줄 흘리며 하직인사를 하고 하늘로 솟구쳐 올라 사라졌다. 그의 형상을 본 사람도 있었다. 이익수가 제정신으로 돌아온 뒤로는 성명만 대충 쓸 정도밖에 되지 않았다. 중년에는 송계(松溪) 권응인(權應仁)에게 찾아가 공부했으나 늘 실성한 사람 같았다. 송계가 그에 관한 사연을 직접 듣고서 지은 글이 세상에 전한다.

● 김휴(金烋), 『해동문헌총록(海東文獻總錄)』, 「이익수(李翼壽)」.

62화
음담패설의 제왕 의영
義榮

義榮, 善諧謔, 凡世間男女禽獸交合妬嬲之狀之聲, 無不粧貌酷肖. 常曰: "天下可觀可喜者, 無出於是. 若使有道眼觀之, 足可悟技悟學, 自警警人也."

馬盖狗連無不爲, 橫陳秘戲鏡中窺.

千生萬劫風流恨, 只在秋波一轉時.

의영은 해학을 잘하는 사람이다. 세상의 남녀와 짐승이 교합(交合)하고 질투하며 희롱하는 온갖 자세와 소리를 똑같이 흉내 내어 못하는 것이 없었다. 그는 늘 "천하에서 구경할 만하고 즐길 만한 것으로 이보다 나은 것은 없다. 만약 도안(道眼)을 갖추고서 이것을 본다면 충분히 기술도 깨치고 학문도 깨치며, 자신을 경계하고 남을 경계할 수도 있다"고 말하고 다녔다.

말이 올라타고 개가 붙는 짓을

못할 게 없어
은밀한 짓거리를 마구 떠벌려
거울 속을 엿보듯 한다.

"천 번을 윤회하고 만 겁을 거치도록
풍류(風流)에 맺힌 한은
눈길 한번 돌리는 데
달려 있다네."

의영은 음담패설로 둘째가라면 서러워할 인물로, 사람만 모이면 음담패설로 이목을 집중시키는 사람이었던 듯하다. 조선 후기에는 남녀의 성과 관련한 문화가 상당히 유행하였다. 색주가가 번창하고 음란한 소설이 널리 읽혔다. 19세기 소설인 『포의교집(布衣交集)』을 보면, 장 진사의 조카 장사선이 "모화관 근처에 살면서 날이면 날마다 한량배들이 오입하는 것을 보아오던 터라, 무릇 남녀 수작하는 일에 능란했다"고 할 만큼 도회지에는 성이 개방된 지역이 있었다. 정조 시대 젊은이들은 온갖 음란한 장면이 나오는 『금병매(金甁梅)』를 읽지 않는 것을 수치로 알았다. 『각수록(覺睡錄)』, 『기이재상담(奇異齋常談)』, 『유년공부(酉年工夫)』 같은 음담패설집이 유행한 것도 그런 분위기와 관련 있다. 그런 상황에서 의영이 활개를 칠 수 있었다. 주목할 점은 조수삼이 의영 같은 존재를 유의미한 사회 구성원으로 인정했다는 사실이다.

63화
시줏돈을 낚아챈 깡패 강석기
姜攫施

　姜錫祺, 長安惡少也. 日酗酒毆人, 無敢與敵者. 嘗見募緣僧勸善文, 積錢寸許, 問僧曰:"施若錢者, 上天堂乎?"曰:"然!""攫若錢者, 入地獄乎?"曰:"諾!"錫祺笑曰:"僧錢之得多如是, 則上天堂路, 必肩磨足疊, 人不得行走, 誰能耐此苦也? 吾欲向地獄路, 掉臂縱步也. 然則今不可不攫若錢, 謀於醉也."撤之無一箇.

　人人佈施上天堂, 攫取應須地獄行.

　路窄天堂容不得, 無寧掉臂去縱橫.

　강석기(姜錫祺)는 한양의 깡패이다. 날마다 술에 취해서 사람을 구타하고 다녔지만 감히 그에게 맞서는 자가 없었다. 언젠가 시주를 받는 중이 권선문(勸善文)을 팔아서 몇 치쯤 엽전이 쌓인 것을 목격하고는 중에게 물었다.

　"스님에게 돈을 시주하는 사람은 천당에 올라가나요?"

　"그렇소!"

"그렇다면 스님의 돈을 낚아채가는 놈은 지옥에 들어가겠네요?"

"그렇소!"

그러자 강석기가 웃으며 말했다.

"스님이 모은 돈이 이렇게나 많은 것을 보면, 천당 가는 길은 필시 사람들의 어깨가 서로 부딪히고 발을 밟혀서 걷지도 달리지도 못할 지경일 테니 누가 그런 고생을 견디겠소. 나라면 차라리 지옥으로 가는 길을 찾아서 팔을 휘젓고 내 멋대로 걸어가야겠소. 그러니 이제 스님의 돈을 낚아채서 술이나 마실 수밖에 없겠구려!"

그러고는 한 푼도 남기지 않고 돈을 쓸어가 버렸다.

사람마다 보시하여
천당에 간다 하니
돈을 뺏는다면
당연히 지옥에 가리라.

천당은 길이 좁아
내 갈 길이 없을 테니
차라리 팔 휘두르며
내 멋대로 가리라.

예쁘게 봐줄 구석이 한 군데도 없는 강석기란 파락호의 일화를 묘사했다. 강석기는 서울 장안에서 못된 놈으로 소문이 자자한, 나름대로 유명세를 탄 인물이었다. 그가 저지른 못된 짓 가운데 유명한 일화 한 가지를 소개했다. 스님이 권선문을 팔아 모은 시줏돈을 쓸어간 일화다. 모두들 천당을 가려고 그렇게들 애를 쓰니, 아무도 안 가서 오히려 여유로운 지옥에 가서 활개치고 살겠다는 이유를 대며 돈을 모두 낚아챘다. 기부하거나 기도한다고 해서 천당을 간다면 그곳이 천당일 리도 없지만, 그런 천당은 사람으로 꽉 들어찼을 것이므로 가고 싶지 않다고 한 파락호의 강변도 일리가 있다. 저자가 이 일화를 굳이 소개한 까닭은, 이 유명한 깡패의 행동이 오히려 미몽에 사로잡힌 사람들의 욕망을 비꼬는 의미가 있기 때문이리라.

64화
탈춤의 명인 탁 반두
卓班頭

班頭名曰文煥, 儺禮局邊首也. 少工於眞妓之舞・萬石僧之歌
笑, 班中子弟毋能及之者. 老以延勑勞賜嘉善階.

眞娘弓步斂蛾眉, 萬石槎槎舞衲緇.
旛綽新磨何似者, 班頭先數卓同知.

    탁 반두의 이름은 문환(文煥)으로 나례국(儺禮局)의 변수(邊首)다. 젊어서부터 황진이의 춤과 만석중의 노래 및 우스개 몸짓을 잘하여 반중의 자제 가운데 그를 따라잡을 자가 없었다. 늙어서 청나라 사신을 영접한 노고를 인정받아 가선대부(嘉善大夫)라는 품계를 하사받았다.

    황진이는 활보하며
    얼굴을 수그리고
    만석중은 비틀비틀

전통 탈은 대개 바가지나 종이로 만들었는데, 가죽으로 제작된 탈을 묘사하고 있어서 이채롭다. 또한 팔과 다리에서도 춤사위의 역동성이 고스란히 드러난다.
김준근, 「가죽 쓴 탈 모양」, 19세기 후반, 프랑스 기메 국립동양미술박물관 소장.

장삼 입고 춤을 춘다.

번작(幡綽)*과 신마(新磨)**를
빼닮은 자 누구더냐?
반두(班頭)인 탁 동지(卓同知)***를
첫손가락 꼽는다네.

❧

탁문환은 18세기 후반부터 19세기 초반에 활동한 공연 전문가로서 유명한 실존 인물이다. 그를 반두(班頭)라고 한 것은 그가 오랫동안 산대도감(山臺都監)의 반두를 지냈기 때문이다. 반두는 반수(班首) 또는 변수(邊首)라고도 하는데 특정 직종이나 특정 집단의 우두머리를 뜻한다. 탁문환은 『일성록』, 『승정원일기』를 비롯한 각종 역사서와 『영조국장도감의궤』를 비롯한 각종 의궤(儀軌)

- • 번작은 당나라 현종(玄宗) 때의 저명한 공연예술가인 황번작(黃幡綽)의 이름이다. 그는 「참군희(參軍戲)」 공연의 명인으로서 30년 동안이나 궁궐에서 공연한 저명인이다. 「참군희」는 참군(參軍)과 창골(蒼鶻)의 두 배우가 등장하여 명청이 배역과 기지를 부리는 배역으로 나뉘어 공연하는 풍자와 우스개 연극이다.
- •• 신마는 오대(五代) 후당(後唐) 때 배우인 경신마(敬新磨)의 이름이다. 장종(壯宗)의 총애를 받은 배우로서 군주를 풍자하고 익살을 부린 많은 일화가 남아있다. 구양수(歐陽脩)가 편찬한 『신오대사(新五代史)』 「영관전(伶官傳)」에 그의 활약과 특기가 잘 묘사되어 있다.
- ••• 동지는 동지중추부사(同知中樞府事)의 약자로 종2품 벼슬이다. 실직이 없는 중추부의 직책으로 명예직일 뿐이다.

에도 반두를 지낸 실존인물로 등장한다. 그곳에서는 탁문환이 아니라 탁문한(卓文漢)으로 나온다. 또 심능숙(沈能淑)이 쓴 「탁문한기실(卓文漢紀實)」에서는 그가 검무의 달인으로 등장한다.

  각종 기록을 통해 볼 때, 그는 한양의 무인 집안 출신으로서 천민들이 담당하던 탈춤에 발을 들여놓아 최고의 수준에 이르고, 검술에도 뛰어난 능력을 발휘한 사람이었다. 후에는 산대도감에서 산대의 조성을 총책임진 변수로서 거의 40여 년 동안 조정에 봉사하였다. 특히 그는 청나라 사신을 맞이하는 마지막 공연이 거행된 갑진년(1784) 나례의 산대도감 도변수(都邊首)로 활약하다가 큰 사고를 일으킨 장본인이 되었다. 그 때문에 그는 산대도감의 거의 마지막 변수로 기억되었다. 이 같은 탁문환의 공연가로서 활동상은 역자의 논문 「18~19세기의 탈춤꾼·산대 조성장인 탁문한 연구」(『정신문화연구』 통권 121호 수록 예정)에 상세하게 밝혀져 있다.

65화
거꾸로 걷는 여성 장애인
倒行女

有女騈手, 不能把握, 足指織長, 裁縫舂砧, 摻摻便利. 步則倒竪, 手掌着履, 盤跚而行. 夜, 挑燈傭針爲生.

騈手盤行着履尖, 芽薑足指見纖纖.

顚倒人生猶作苦, 箕踞燈前刺繡針.

한 여자가 있는데 손가락이 모두 달라붙어 물건을 잡지 못했다. 반면에 발가락은 가늘고 길어 바느질하거나 절구질하고 다듬이질할 때 편리하였다. 걸어가야 할 때는 손바닥을 짚신에 넣어 거꾸로 세워서 비틀비틀 길을 걸었다. 밤이면 심지를 돋우고 삯바느질을 하여 생계를 꾸려갔다.

하나로 붙은 손가락을
짚신에 넣어 비틀비틀 다닐지라도
발가락은 생강처럼

가늘고 가늘다네.

손발이 바뀐 인생이라도
고된 일을 마다 않고
호롱불 앞에 발을 뻗고서
삯바느질에 열중하네.

🌸

　심각한 장애를 안고 사는 여인의 인생을 보고하였다. 심한 장애로 많은 사람의 이목을 끌었을 여인은 손과 발을 거꾸로 사용하여 이동하고 노동하였다. 생계를 꾸리기 위해 발가락을 이용하여 삯바느질하는 여인의 모습이 연민을 자아낸다. 조선시대에는 장애인을 추악한 존재로 보는 경향이 심했다. 특히 문학작품에서 그런 경향이 강하다. 그러나 조수삼은 현실의 장애인을 깊은 동정심과 연민의 감정을 실어 묘사하였다. 장애를 안고 살아가지만 좌절하거나 나약하게 행동하지 않고 꿋꿋하게 인생에 도전하는 모습을 그렸다. 이런 따뜻하고 인정 어린 시선이야말로 『추재기이』의 독특하면서도 고귀한 가치이다.

66화
제주도 빈민을 구제한 만덕
萬德

萬德, 濟州妓也. 家貲鉅萬, 一隻眼重瞳. 正宗壬子州大歉, 萬德出數千斛穀·數千緡錢, 賑活一邑之民. 上大嘉之, 使問其所願, 曰: "萬德, 女子, 賤人也. 無他願, 惟願一瞻天陛, 一見金剛." 遂命騎馹上京, 屬之藥院內醫女行首, 仍令廚傳, 往遊金剛.

懷淸臺築乙那鄕, 積粟山高馬谷量.

賦汝重瞳眞不負, 朝瞻玉階暮金剛.

만덕은 제주도 기생이다. 재산이 수만 금이었고, 한쪽 눈이 겹눈동자였다.● 정조대왕 임자년(1792)에 제주에 큰 가뭄이 들었을

● 겹눈동자[重瞳]는 눈 하나에 눈동자가 두 개 들어간 것으로 중국 고대의 성인인 순 임금과 중국 대륙을 놓고 유방과 경쟁한 영웅 항우가 겹눈동자의 소유자였다. 겹눈동자는 성인이나 영웅의 상징물로 간주했다. 당시 한양에서는 만덕이 겹눈동자의 소유자란 소문이 널리 퍼져서 박제가도 만덕에게 준 시에서 그녀가 겹눈동자라고 말했다. 심지어 다산 정약용은 「겹눈동자의 변증[重瞳辨]」이란 글을 써서 직접 만덕을 불러 확인하고 소문이 근거가 없다는 사실을 입증했다.

때 만덕이 곡식 수천 섬과 돈 수천 꿰미를 내놓아 온 고을의 백성을 구제하였다. 대왕께서 만덕의 행위를 아주 가상히 여겨 원하는 바를 묻게 하셨다. 만덕의 대답은 이러했다.

"만덕은 여자인 데다 천한 사람입니다. 다른 소원은 없고, 오로지 임금님 존안(尊顔)을 한 번 뵙고 금강산을 한 번 구경하는 것뿐입니다."

마침내 대왕께서는 만덕에게 역말을 타고 서울로 올라오라고 명하시고, 약원(藥院)의 내의녀(內醫女) 행수(行首)로 삼으셔서 역말을 타고서 금강산을 여행하고 오도록 하셨다.

고을나(高乙那)●의 제주도에
여회청대(女懷淸臺) 세웠는지●●
곡식은 산처럼 높이 쌓였고
말은 골짜기마다 가득하였네.

● 제주도의 신화에 나오는 제주 고씨의 시조이다.
●● 여회청대는 진시황이 과부 청(淸)을 위하여 현재의 쓰촨성(四川省) 창써우샌(長壽縣) 남쪽에 세워준 대이다. "파촉에 사는 과부 청은 그 조상이 단사(丹砂)를 캐내는 굴을 발견하여 여러 대에 걸쳐 이익을 독점해왔으므로 재산이 헤아릴 수 없이 많았다. 청은 과부였지만 가업을 잘 지키고, 재력을 잘 써서 남들로부터 침범당하지 않았다. 진시황은 청을 정숙한 여인이라고 여겨 빈객으로 대우하고 그녀를 위하여 여회청대를 세워주었다."(『사기(史記)』 「화식열전(貨食列傳)」) 조수삼은 자기 재산을 잘 지킨 청과 재산을 남에게 나누어준 만덕을 견주어 묘사했다.

겹눈동자 준 은혜를
끝내 어기지 않았구나.
아침에는 임금님 뵙고
저녁에는 금강산 봤으니…….

김만덕(金萬德, 1739~1812)은 제주도의 기생으로 1795년 100년 만에 찾아온 극심한 흉년에 구휼미 300섬을 기부한 여성이다. 그 결과 정조대왕의 특별한 배려로 1796년 가을 한양에 와서 대궐에 들어가 국왕을 비롯해 대왕대비와 혜경궁 홍씨를 알현했다. 다음 해 봄에는 금강산을 구경한 뒤 제주도로 돌아갔다. 정조는 왕명으로 많은 신하들에게 만덕의 전기를 쓰게 했고, 수많은 문사들이 그녀의 행적을 기리는 시와 문장을 썼다. 그에 따라 그녀의 행적이 『조선왕조실록』과 『승정원일기』, 『일성록』에까지 등장하고, 좌의정 채제공을 비롯하여 김희락, 홍희준, 심노숭, 이면승, 이희발, 유재건, 이재채 등이 그녀의 전을, 이가환, 박제가, 정약용, 황상, 조수삼 등이 그녀를 읊은 시를 지었다. 그녀는 정조 시대의 노블레스 오블리주를 실천한 인물이자 문화적 아이콘이었다.

조수삼의 기록에는 몇 가지 착오가 있다. 만덕이 임자년(1792)에 기부했다고 적었으나 실제로는 1794년과 1795년 흉년을 맞아 곡식을 내놓았다. 또 곡식 수천 섬과 돈 수천 꿰미를 내놓았다고 한 기록에도 과장이 섞여 있다. 『일성록』에는 벼 300섬을 기부했다고 나올 뿐 금전을 기부했다는 기록은 보이지 않는다.

67화
동생 찾아 전국 팔도를, 통영동이
統營童

統營童, 不知姓名, 自呼曰統營童. 童跛一足, 十歲時失其弟, 晝夜泣, 兩目皆眊. 及父母俱歿, 乃行乞, 徧于八省, 冀或逢其弟. 自作百鳥謠, 如曰: '鶯善歌, 宜妾; 燕能言, 宜婢; 鵲衣斑, 宜禁卒; 鸛頸長, 宜捕校.' 數盡羽族, 有古紀官底意.

鶯歌鷰語選姬鬟, 三百飛禽總紀官.

唱斷鶺鴒雙下淚, 弟兄何日更相看.

통영동이는 성도 이름도 모르는데 스스로를 통영동이라고 불렀다. 그는 다리 하나를 절었다. 열 살 때 동생을 잃고서 밤낮으로 울어 두 눈이 모두 어두워졌다. 부모가 다 돌아가신 뒤로는 걸인이 되어 팔도를 두루 돌아다녔다. 혹시라도 동생을 만날 수 있을까 희망을 품었기 때문이다.

그는 「백조요(百鳥謠)」를 직접 지어 불렀다.

"꾀꼬리란 놈은 노래를 잘하니
첩을 삼기 제격이요

제비란 놈은 말 잘하니
종년 삼기 제격이요

참새란 놈은 때때옷 입어
금군(禁軍)이 제격이요

황새란 놈은 목이 길어
포교가 제격이라."

이런 투의 노래였다. 온갖 날짐승을 하나하나 다 노래하여 상고(上古) 시대에 새를 가지고 관직 이름을 붙이던 취지를 살렸다.●

"꾀꼬리는 노래 잘해 첩으로 뽑고
제비는 말 잘해 종년으로 삼자."
300가지 날짐승마다
관직을 붙여줬네.

● 중국 고대의 전설에 소호씨(少皞氏)는 새를 가지고 관직명을 삼아서 이를 조사(鳥師) 또는 조관(鳥官)이라 하였다. 『좌전(左傳)』 「소공 17년(昭公十七年)」에 나온다.

할미새 대목을 부르다 말고
두 눈에 철철 눈물 쏟나니●
형제는 어느 때나
다시 만나볼 수 있으려나?

🌸

통영동이의 삶과 노래를 기록한 이 항목은 조선 후기 민요에 관한 소중한 증거물이다. 온갖 새를 노래했다는 「백조요」는 보통은 「둥구렁뎅 노래」로 분류되는 민요로서 '돌려라'라는 끝말이 나오기에 「돌려라 노래」로도 불린다. 전국적으로 널리 불린 대표적인 민요 가운데 하나이다. 『추재기이』의 기록 덕분에 민요의 작자를 추정할 근거가 생겼다.

한편 1940년대 후반에 『추재기이』 등사본을 만들어 대학 강의에 사용한 전 서울대 교수 이명선은 「등사한 사람의 주석」을 여섯 개 달았는데 이 항목에는 다음과 같은 주를 달았다.

● 이 구절은 『시경』 「소아(小雅)」의 '상체장(常棣章)'에 나오는 "할미새가 들판에 있으니/ 형제가 난리에 다급하구나!/ 좋은 벗이 있다곤 하나/ 더욱이 길게 탄식하도다(脊令在原, 兄弟急難. 每有良朋, 況也永歎)"에서 나왔다. 그래서 할미새는 형제간의 우애를 상징한다. 다만 이용기본 『악부』에 실린 「동굴 노래」에서는 "돌려라 돌려라 동굴동굴 돌려라. 할미새란 놈은 갑죽대기를 잘하니 동경 깍쟁이로 돌려라. 돌려라 돌려라 동굴동굴 또동굴 돌려라"라고 하여 할미새가 일본 동경에 유학하고 돌아온 도시 깍쟁이로 변질되어 있어 형제 우애와는 무관하게 불렀음을 알 수 있다.

「삼첩승가」는 내가 일찍이 들어보지 못했으나 통영동이의 「백조요」는 내가 이미 노래 조각을 수집했기에 여기에 기록한다. 대방가의 질정을 구한다.

1. 똥그랑 땡 똥그랑 땡 꾀고리란 놈은 노래를 잘하니 기생첩으로 돌려라
2. 똥그랑 땡 똥그랑 땡 제비란 놈은 사설을 잘하니 시비(侍婢)년으로 돌려라
3. 똥그랑 땡 똥그랑 땡 까치란 놈은 물색(物色)이 좋으니 수청 기생으로 돌려라
4. 똥그랑 땡 똥그랑 땡 황새란 놈은 다리가 길으니 월천군(越川軍)으로 돌려라

비슷한 시기에 활동한 저명한 국문학자 김태준 선생도 「야담의 기원에 대하여」란 논문에서 이명선과 거의 똑같은 내용을 채보하여 실었다.

68화
거짓말 못 하는 김씨 아들
金氏子

金氏子, 病心脾風, 心之所欲言, 不能斯須藏忍. 若忍到一刻, 則揚手擲足, 大發噴嚔, 疾聲呼曰: "如此! 如此!" 常奸一婢, 偸一杯酒, 而亦不能自諱, 曰: "奸!" 曰: "盜!" 四隣皆聞.

平生一語不留中, 證盜呼奸也至公.

天下人人皆似許, 琉璃世界水晶宮.

김씨의 아들은 심장병을 앓고 중풍기가 있어서 마음속에 말하고 싶은 것이 있으면 잠시도 감추어두지를 못했다. 만약 할 말을 촌각이라도 참을 경우 팔을 뻗고 다리를 차며 큰 재채기가 나온다. 그 때문에 큰소리로 이렇고 저렇다고 외쳐댄다. 언젠가 계집종과 간통한 일이 있고, 술 한 잔을 훔쳐 마신 적이 있었다. 그때에도 숨기지를 못하고 간통했다고 말하고 훔쳤다고 소리쳤다. 그가 외치는 소리를 사방의 이웃들이 다 들어서 안다.

한평생 한마디 말도
가슴속에 숨기지 못하고
도둑이라 자인하고 간통했다 외쳐대니
지극히 공정한 사람이로다.

천하의 한 사람 한 사람이
다들 김씨처럼 산다면
유리 같은 세계
수정 같은 궁전 되리라.

김씨와 같은 병을 앓는 사람이 실제로 존재할지 의문이다. 거짓말을 잠시도 하지 못해 간통하고 물건 훔친 일을 스스로 폭로하였다. 보기 힘든 현상이기에 모두들 흥미롭게 전한 이야기이다. 그의 행동은 분명 어처구니없다. 그러나 온갖 추악한 짓을 행하고도 치부를 감히 스스로 드러내지 못하는 인간 사회에서 누구도 그의 폭로를 비웃지 못하리라. 조수삼이 김씨처럼 산다면 세상이 유리 같은 세계, 수정 같은 궁전이 되리라고 기대한 것도 그 때문이다.

69화
봉산의 장님 점쟁이 유운태
劉雲台

劉雲台, 鳳山盲人也. 七歲失明, 自六歲已讀史記, 作古體詩. 失明後能勤學, 十三誦經書, 讀易而有悟, 肆力於先後天之學, 大通於卜筮, 百無一失, 遂鳴于國中. 自號曰鳳岡先生, 人有來決疑事者, 輒隨而陳其孝悌忠信之道. 故世以爲有嚴君平之風也.

滔滔講易決河源, 折草觀梅返古魂.
爲子爲臣忠及孝, 丁寧記取倚龜言.

유운태(劉雲台)는 봉산(鳳山)의 맹인이다. 일곱 살에 눈이 멀었는데 여섯 살 때부터 벌써 『사기』를 읽었고 고체시(古體詩)를 지었다. 눈이 먼 후에도 부지런히 공부하여 열세 살에는 경서를 암송하였다. 『주역』을 읽고 깨달은 바가 있어 선천(先天) 후천(後天)의 학문•에 큰 힘을 쏟아 점술에 크게 통달했다. 100번 점을 쳐 단 한 번도 실수하지 않아서 마침내 온 나라에 명성이 났다. 스스로 호를 봉강 선생(鳳岡先生)이라 하였다. 사람들이 찾아와 의심스러

맹인 점쟁이는 그림의 소재가 될 만큼 당대 사람들에게 유형화된 존재였다.
김준근, 「맹인 점쟁이」, 19세기 후반, 함부르크 민족학박물관 소장.

운 일을 해결해달라고 하면 곧잘 효도와 공손함, 충성과 신의의
도리를 말해주었다. 따라서 세상으로부터 엄군평(嚴君平)의 풍모
가 있다는 말을 들었다.

황하의 물길이 터진 듯
도도하게 『주역』을 설명하네.
시초점 치고 매화역(梅花易)●● 보되
옛 정신으로 돌아가네.

"자식은 효도하고
신하는 충성하라!
점괘에 나온 대로
단단하게 기억하라!"

황해도 봉산의 유운태는 영·정조 시대에 전국적인 명성을 획
득한 유명한 점쟁이였다. 이름을 유은태(劉殷泰) 또는 유은태(劉銀
泰) 등으로 쓴 기록이 있다. 그에 관해서 신광수, 이덕무, 성대중,

● 송나라 소옹(邵雍)이 『주역』의 괘도(卦圖)를 해설할 때 선천도(先天圖)와 후천
도(後天圖)를 구분하여 복희씨(伏羲氏)의 팔괘(八卦)는 선천(先天), 주문왕(周
文王)의 팔괘는 후천(後天)이라고 설명하였다. 이에 따라 선천역(先天易)과 후
천역(後天易)을 구분하여 논하였다.
●● 송나라 소옹(邵雍)이 새로 만든 점법으로 이를 바탕으로 길흉을 판단하였다.

이규경 등의 학자가 기록을 남겼고, 『청구야담』에 그의 신비한 점술을 소재로 한 「명복을 찾아가서 억울한 옥살이에서 풀려나다[訪名卜冤獄得伸]」라는 야담이 실려 있다. 이명선 교수는 이 기사에 나오는 유운태를 박지원이 젊은 시절에 썼다는 「봉산학자전(鳳山學者傳)」의 주인공으로 추정했다. 일리가 있으나, 점치는 봉사의 행동을 묘사하지 않았으므로 동일인으로 보기는 조금 어렵다. 그는 점술만을 강요하지 않고, 인생의 기본에 충실하라는 도덕의 교사가 되고자 애썼다는 점에서 평범한 점쟁이와 달랐다.

70화
물고기로 변한 노파
化魚婆

婆本漢城人也. 臥病數歲, 少愈, 願浴于水. 閉戶, 入浴盆游泳, 久之不肯出. 開戶視之, 則魚矣.
一盆淸水濯塵軀, 圉圉終朝樂矣夫.
河海江湖如是觀, 忘魚之日卽忘吾.

노파는 본래 한성 사람이다. 병석에 누운 지 여러 해 되었다. 차도가 조금 생겼을 때 물로 목욕을 하고 싶어했다. 문을 걸어 닫고서 목욕통에 물을 채워주자 그 속에 들어가 헤엄을 쳤다. 한참을 지나도 노파가 나오지 않자 사람들이 문을 열고 들어가 보니 물고기로 변해 있었다.

한 동이 맑은 물에
더러운 몸을 씻고
한 나절 헤엄치니

즐겁고 즐겁구나!

넓은 바다, 강과 호수도
다른 것이 없을 테니
물고기임을 잊는 날에
나도 잊을 것이라네.

❀

　병석에 누워 있던 할머니가 물고기로 변신한 이야기이다. 현실에서는 발생할 수 없는 환상적인 이야기로 조선 후기에 널리 유포되었다. 세상에 떠도는 믿기 어려운 사연이므로 종결부에 배치하였다. 내용은 유몽인(柳夢寅)의 『어우야담(於于野談)』에 나오는, 유극신(柳克新) 집안의 홍어로 변신한 조상 이야기와 깊은 관련이 있다. 또 「고성의 촌로가 병이 나더니 물고기로 변했다」는 『천예록(天倪錄)』의 기사와도 연관이 있다. 한편으로는 동시대 중국의 변신 설화와도 관련이 있다.
　한편 조수삼이 청나라에 연행했을 때 노파가 물고기로 변신한 설화를 채록한 바 있다. 본 기사와 관련이 깊으므로 여기에 수록한다.

　해염(海鹽) 사람 왕숭(王嵩)의 어머니는 나이가 80여 세로 건강하기가 젊은 시절과 똑같았다. 하루는 욕실로 들어가더니 큰 미꾸라지가 되어 비늘과 지느러미를 휘저으며 헤엄을 쳤다. 그러자 아들이 바닷가에 놓아주었는데 꼬리를 흔들고 뒤를 돌아보며 한참을 있다가 물속으로 들어가버렸다. 의당(漪塘) 강사인(江舍人)이 내게 말해주었는데 강사인 역시 해염 사람이다.●

● 조수삼, 『연상소해(聯床小諧)』 제2칙, 수경당 소장 필사본. "海鹽人王嵩母, 年八十餘, 康健殊如少壯. 一日入浴室, 化爲大鰍, 鱗鬣籤動. 其子放諸海濱, 掉尾顧眄, 卽久入水. 漪塘江舍人, 爲余道, 江亦海鹽人也."

71화
정인(情人)을 따라 자살한 금성월
錦城月

錦城月, 才色傾城, 聲價絶代. 有某人子, 愛蓄之數歲. 其人有罪, 將伏法. 錦城月歎曰: "郞之愛我, 誠天下無雙. 儂之報郞, 亦當以天下無雙爲期也." 遂先伏劒而死, 時人咸曰烈也.
珠裳寶髻賣千金, 塡海孤禽只苦心.
冤債先於公債了, 香生烈血灑鴛衾.

금성월은 기예가 아주 뛰어나고 경국지색(傾國之色)이라 명성과 해웃값이 한 시대의 으뜸이었다. 아무개의 아들이 금성월을 사랑하여 데리고 산 지 여러 해가 되었다. 그 남자가 죄를 범하여 곧 법에 따라 죽게 되었다. 금성월이 탄식하며 이렇게 말했다.

"나를 향한 낭군의 애정은 천하에 비교할 자가 없다. 그러니 낭군에 대한 이 몸의 보답도 천하에 비교할 이가 없도록 해야 할 것이야!"

그리고는 정인이 죽기에 앞서 검으로 제 몸을 찔러 죽었다. 당시 사람들이 모두들 열녀라고 칭찬했다.

진주 치마 보물 다래를
천금 쏟아 사주느라
목석으로 바다 메운다던
정위조(精衛鳥)처럼 안달했네.•

죗값 치르기에 앞서
사랑 값부터 보상하고자
향내 나는 뜨거운 피를
원앙금침에 뿌리려네.

협기(俠妓) 금성월의 죽음을 다룬 이 기사는 가공(架空)의 이야기가 아니라 실제로 벌어진 사건에 바탕을 둔 실화이다. 주인공의 이름은 금성월 또는 취섬(翠纖) 등으로 바뀌어 있으나 내용과 성격이 아주 비슷한 사건이 18세기 중엽부터 19세기 초엽에 쓰인 시문에서 많이 다뤄졌다. 여러 편의 문헌 가운데 홍낙순(洪樂純)의 『대릉유고(大陵遺稿)』에 실린 「의창전(義娼傳)」이다. 그 같은 증거

• 장화(張華)의 『박물지(博物志)』에 나오는 신화이다. 정위조는 언제나 서산(西山)의 나무와 돌을 가져다 동해 바다를 메우러 하였다. 원한이 극심한 경우나 의지가 굳은 것을 비유한다.

를 통해 대체로 영조 임금 연간에 발생한 사건으로 추정한다. 『추재기이』의 기록과 아주 흡사한 내용이 범곡(凡谷) 김수근(金洙根)이 편찬한 책으로 추정되는 『범곡기문(凡谷記聞)』에 실려 있어 이 자료만을 다음에 제시한다. 『범곡기문』은 현재 전하지 않고 유재건의 『이향견문록』에 전재되어 있다. 그 책에는 '금성월'이 '면성월(綿城月)'로 되어 있으나 금(錦) 자가 모양이 비슷한 면(綿) 자로 잘못 쓰인 것이다.

금성월은 전라도 무안 기생이다. 선상기(選上妓)로 뽑혀 서울에 올라와 내의원(內醫院)에 소속되었는데 미모와 기예로 명성이 자자했다. 뒤에는 기적(妓籍)에서 빠져나와 아무개에게 시집갔다. 아무개가 중죄를 지어 사형을 당하게 되자 금성월은 드디어 스스로 목을 베어 죽었다. 서화방(書畵舫) 노씨(盧氏, 노윤적)가 시를 써서 그를 애도하였다.

기방의 어린 기생
둘도 없는 미모였네.
부호가 가산 기울여
미인을 차지했네.

천금 쏟아 즐기면서
머리 희기를 바랐건만
단칼에 피를 뿜어
은혜 갚고 죽었다네.

"몸을 바쳐 지킨 것은
소첩의 의기일 뿐
님이 처형되든 말든
상관할 게 무언가요?"

가을 하늘 밝은 달과
높은 명성 함께 빛나
음란한 남녀의 꿈
깨워놓게 하려네.

● 유재건(劉在建), 『이향견문록(里鄉見聞錄)』 4, 「금성월(錦城月)」, 아세아문화사 영인본, 1974, 249쪽.

추재기이(秋齋紀異)

초판 1쇄 발행 2010년 11월 1일
초판 2쇄 발행 2020년 2월 14일

지은이 조수삼
옮긴이 안대회
펴낸이 이상훈
편집인 김수영
본부장 정진항
편집1팀 고우리, 김단희
마케팅 조재성, 천용호, 박신영, 조은별, 노유리
경영지원 정혜진, 이송이

펴낸곳 한겨레출판(주)
등록 2006년 1월 4일 제313-2006-00003호
주소 서울시 마포구 창전로 70 (신수동) 화수목빌딩 5층
전화 02)6383-1602~1603
팩스 02)6383-1610
홈페이지 www.hanibook.co.kr
이메일 book@hanibook.co.kr

ⓒ 안대회, 2010

ISBN 978-89-8431-429-0 03910

*값은 표지에 있습니다.
*파본이나 잘못된 책은 서점에서 교환하여 드립니다.